AF427470

* 9 7 9 8 8 6 9 1 9 4 0 1 5 *

ספר

עץ חיים

לרבינו

חיים ויטאל ז"ל

שֶׁקִיבֵּל ממרן האר"י זלה"ה

שַׁעַר טנת"א

שַׁעַר ה' פרק ו'

דכ"ג ע"ד – דכ"ד ע"א

תש"פ

SimchatChaim.com

בהוצאת

שִׂמְחַת חַיִים

בס"ד

הקדמה

ירפא **ה**מאציל **ו**יושיע **ה**בורא את כל חולי בני ישראל, וישלח להם רפואה שלימה, רפואת הנפש ורפואת הגוף, בכל אבריהם ובכל גידיהם לעבודתו יתברך.

בי"ב במנחם אב תשס"ה, הובהלתי לבית החולים, הרופאים לא נתנו לי סיכוי לחיות יותר מכמה שעות בגלל מספר תסבוכות. עם כל זאת בזכות התפילות של בני ישראל הקדושים, ברחמיו הרבים, ריחם עלי הקדוש ברוך הוא, ונשארתי בחיים.

עם כל זאת, הובחנה אצלי מחלה קשה בכליות, ונאמר לי שהצטרך למכונת דיאליזה. בשבילי זה היה שוק!!! אף פעם לא הייתי אצל רופא, או בבית חולים. כך בעל כרחי התחברתי למכונת דיאליזה, ומכונה זאת הייתי[1] קשורה בי ככלב במשך שמונים חודשים בדיוק, כמניין **יסוד**, במשך 10-12 שעות ביום.

בשבת פרשת **ויחי יעקב** י"ב טבת תשע"ב, בזכות בני ישראל, שכולם אהובים כולם ברורים כולם גיבורים כולם קדושים... וכולם פותחים את פיהם באהבה שלוש פעמים ביום, ואומרים - **ברוך אתה... רופא חולי עמו ישראל**, וכללותם כל האברכים, תלמידי הישיבות, רבנים וחכמים, חסידים, מקובלים עם תינוקות של בית רבן, זקנים עם נערים, בחורים וגם בתולות, בארץ הקודש ובעולם. ומצד שני בנות ישראל היקרות מפז, שהתפללו וקבלו עליהם כל מיני קבלות, מהפרשת חלה עד צניעות וכיסוי הראש, עם הרבנים, המנהלים, המורים, המורות **והתלמידות של בית יעקב דטורונטו** שכל יום התפללו, וכללו בתפילתם שבקעה את כל הרקיעים אותי, ונושעתי אני הקטן. הושתלה בי כליה. והתנתקתי ממכונת הדיאליזה.

אמר המלך דוד - לולי[2] תורתך שעשעי אז אבדתי בעניי. מה שנתן לי חיות היא התורה הקדושה, בשעות הרבות שהייתי מחובר למכונת הדיאליזה)כ12 שעות ביום(, ערכתי סדרתי וכתבתי במחשב את קונטרסים שלמדתי במשך שנים. וקונטרסים אלו הפכו לחיבור, ואחרי התלבטויות ובקשות מבני גילי, החלטתי בעזרתו יתברך להדפיס קונטרסים אלו.

ידוע הוא כי כל דברי האר"י זלל"ה ותלמידו נאמן ביתו, רבינו חיים ויטאל הם סתומים וחתומים באלפי שרשראות ומנעולים, והרב ז"ל גלה טפח וכיסה אלפים אמה, וכלל דבריהם הוא משלים, עם כל זאת העוסק במשל פועל בעלמות העליונים בנמשל. לכן צריך זהירות גדולה לא להגשים את המשלים, בסוד המבואר בספר הזוהר הקדוש - **ועלייהו אתמר** ועליהם נאמר - **ארור האיש אשר יעשה פסל ומסכה וגומר, ושם בסתר, מאי בסתר** מהו בסתר - **בסתרו דעלמא** בסתר העולם. ובגין דא אמר קודשא בריך הוא לא תעשון אתי ומפני זה אמר הקדוש ברוך הוא לא תעשון אתי **אלה"י כסף ואלה"י זהב, והכי אוקמוה חבריא לא תעשון אתי כדמות שמשי שמשמשין אותי** וכך העמידוהו החברים לא תעשון אתי כדמות שמשי שמשמשים אותי במרום, **לצייירא בסתר דילי שום ציור או דמיון** לצייר בסתר שלי שום ציור או דמיון, **דכל מאן דצייר לעיל לקודשא בריך הוא** שכל מי שמצייר למעלה לקדוש ברוך הוא, בסתר)**דאיהי שכינתיה, כלילא מעשר**

<hr>

[1] **גמרא סוטה ד"ג ע"ב** - גמרא סוטה ד"ג ע"ב – רבי אלעזר אומר, **קשורה בו ככלב**, שנאמר - ולא שמע אליה לשכב אצלה להיות. עמה לשכב אצלה בעולם הזה. להיות עמה לעולם הבא.

[2] **תהלים קי"ט צ"ב**

ספיראן שהיא שכינתו, כלולה מעשר ספירות(, **שום ציור, וצלם, ודמות, כגוונא דמצייירין בשמשין דיליה** שמצייירים בשמשים שלו, **נשמתיה אתלבשא בההוא צלמא** נשמתו מתלבשת באותו צלם.....

וכן הוא בסוף ענף ד' דשער א' בספר עץ חיים שער ההקדמות, וז"ל הטהור - ואמנם דבר גלוי הוא כי אין למעלה גוף ולא כח גוף חלילה. וכל הדמיונות והציורים אלו לא מפני שהם כך חס ושלום. אמנם **לשכך את האוזן** לכשיוכל האדם להבין הדברים העליונים, הרוחניים, בלתי נתפסים, ונרשמים בשכל האנושי. לכן ניתן רשות לדבר בבחינת ציורים ודמיונים, כאשר הוא פשוט בכל ספרי הזוהר. וגם בפסוקי התורה עצמה כולם כאחד עונים ואומרים בדבר הזה, כמו שאמר הכתוב עיני הוי"ה המה משוטטים בכל הארץ. עיני הוי"ה אל צדיקים. וישמע הוי"ה. וירח הוי"ה. וידבר הוי"ה. וכאלה רבות. וגדולה מכולם מה שאמר הכתוב - ויברא אלהי"ם את האדם בצלמו בצלם אלהי"ם ברא אותו זכר ונקבה וגו'. **ואם התורה עצמה דברה כך** גם אנחנו נוכל לדבר כלשון הזה, עם היות שפשוטו הוא שאין שם למעלה אלא אורות דקים בתכלית הרוחניות, בלתי נתפשים שם כלל, וכמו שאמר הכתוב - כי לא ראיתם כל תמונה, וכאלה רבות. ואמנם יש עוד דרך אחרת כדי להמשיך ולצייר בה הדברים העליונים, והם בחינת כתיבת צורת אותיות, כי כל אות ואות מורה על אור פרטי עליון, וגם תמונת זו דבר פשוט הוא כי אין למעלה לא אות ולא נקודה, **וגם זה דרך משל וציור לשכך את האוזן** כנזכר.....

ולכן כל המבואר כאן בחיבור זה הוא כדי **לשכך את האוזן**. והתרשימים שבסוף החיבור הם כדי **לשבר את העין**, לכן אין שום ביאור והסבר שלם, ואין שום תרשים שלם בתכלית השלמות.

ידוע כי[3] דברי תורה עניים במקומן ועשירים במקום אחר, **ועל אחת כמה וכמה** בדברי הרב ז"ל, שכל סוגיה חסרה[4] במקומה, וחלקיה מפוזרים במקומות אחרים. **זאת ועוד** הרב ז"ל מערבב בדרוש אחד כמה וכמה סוגיות, כאשר בפשטות דבריו נראה שכל הדרוש הוא דרוש אחד, ולא מחולק לסוגיות שונות, ושמועות שונות, **ביאור** דברי הרב ז"ל כאן הם **בעומק, והוא בעצם ליקוט** עד איפה שידי הקצרה הגיעה, מכל חלקי ספר עץ חיים, ושמונה השערים המצוינים לרב ז"ל, מבוא שערים ושאר ספרי הרב ז"ל, והוא גם על פי הקדמת רחובות הנהר למרן הרש"ש, דרושי פנימיות וחיצוניות, דרוש הדעת, סוגיות ערכין, סוגיות דכללות והתכללות, פרטות וכללות, וסוגיות עובי ואורך, ועל פי ביאור גדולי רבותינו חכמי המקובלים לדורותם זלה"ה זי"ע.

ידוע כי[5] אין בר בלי תבן, כך אין ספר בלי טעויות, ועוד יודע אני כי דל ועני אני, **ואין**[6] **עני אלא בדעה**. לכן מבקש אני בכל לשון של בקשה אם יש לכל אחד שאלות, הערות, הארות, תיקונים, נא לשלוח ל - book@simchatchaim.com והשתדל לענות, ולתקן את הצריך תיקון.

בברכה והצלחה בלימוד התורה הקדושה

ובעיקר בפנימיות התורה, תורת האר"י הח"י.

ורפואה שלימה לכל חולי ישראל.

אח"י

3

גמרא ירושלמי, ראש השנה פ"ג הלכה ה' די"ז ע"א – דברי תורה עניים במקומן, ועשירים במקום אחר.

4

תורת חכם דע"ב ע"ב – חסר לשון הוא, כמו שיראה המעיין.

5

גמרא ברכות נ"ה א' - מה לתבן את הבר נאם ה', וכי מה ענין בר ותבן אצל חלום, אלא אמר ר' יוחנן משום ר' שמעון בן יוחאי ,כשם שאי אפשר לבר בלא תבן, כך אי אפשר לחלום בלא דברים בטלים.

6

גמרא נדרים מ"א ע"א – אין עני אלא בדעה .

ב"ה

הקדמה קצרה לחיוב לימוד תורת הקבלה

ישמחו **ה**שמים **ו**תגל **ה**ארץ ירעם הים ומלאו. שזכינו בדור שלנו שפנימיות התורה, שהיא היא תורת הקבלה, מתפשטת לכל, וכל מקום בעולם היום לומדים בתורת הח"ן. הדור שלנו יש הרבה התעוררות ללמוד סתרי התורה הקדושה, הנקראת חכמת הקבלה. בירושלים של המאה ה18 בישיבת **בית אל** היו בקושי מנין של מקובלים, והיום תורת הקבלה מופצת בכל מקום בארץ ובעולם. לעניות דעתי אחת הסיבות העיקריות לשינוי זה הוא רצונם של בני התורה, החוזרים בתשובה ועמך לדעת את סוד החיים, למה ברא הקדוש ברוך הוא את העולם, ואת טעמי המצות, ר"ל אי אפשר היום בדור שלנו, להסביר על פי הפשט את הסיבה מדוע אסור לאכול בשר וחלב, מדוע צריך להניח תפילין, למה לשמור דווקא שבת ולא יום שלישי, אי אפשר להגיד כל הזמן **זאת גזרת הכתוב, כך רוצה הקדוש ברוך הוא**, האנשים מחפשים הסברים למצות, לסיפורי התנ"ך, לגלגולי נשמות, ועוד. ורק על ידי עסק בפנימיות התורה, אדם מסיג את ההסברים לקושיות שיש לו. **זאת ועוד** חיים אנחנו בדור של חומריות, והאנשים מחפשים את רוחניות שבחיים, אז מה עושים, נוסעים למזרח, להודו, סין, תאילנד למצוא רוחניות, ולא יודעים **ששורש כל הרוחניות בעולם נמצאת בתורה הקדושה**, עם כל זאת כאשר הלומד את פשט התורה, **הוא לא מכיר** את הקדוש ברוך הוא, והוא בלי יראת שמים ושמחה אמתית. כותב הרב המקובל האלוה"י רבינו יהודה פתייה בפרושו הנפלא על עץ חיים - כי לימוד עץ חיים הוא עמוק מאד מאד, כי הוא **מים שאין להם סוף**, והוא קשה מאד גם לחכמים ההוגים בו תמיד, וכל שכן למתחילים. כי הוא חזק מצור, וקשה מברזל, שאי אפשר לחצוב ממנו מאומה, אם לא על ידי כלי מחצב חזקים כציפורן שמיר. וכל המתחיל בלימוד עץ חיים, אם לא יהיה לו רב, או לפחות איזה מפרש המפרש לו כוונת הפרק ההוא לפי פשוטו, נבול יבול, ואינו יכול לעמוד על הפרק כי אם לאחר יגיעה רבה, ושקידה עצומה, וכולי האי ואולי. כי הרבה פעמים יסבור המעיין שהבין הענין ההוא כראוי, ואחר שילמוד עוד איזה פרקים אחרים, ירגיש כעצמו שלא הבין את פרקים הקודמים, והניסיון יעיד על זה, עד כאן דברי קודשו. עם כל זאת חייב כל אדם לעסוק בתורת החיים.

צדיק אתה הוי"ה וישר משפטיך. כתב הרב רבינו חיים ויטאל ז"ל בהקדמה לשער ההקדמות - והנה מה שכתב בתחילת דבריו, ואפילו כל אינון דמשתדלי באורייתא כל חסד דעבדי לגרמייהו וכו', עם היות שפשטו מבואר ובפרט בזמנינו זה, בעונותינו היום אשר התורה נעשית קרדום לחתוך בה אצל קצת בעלי תורה, אשר עסקם בתורה על מנת לקבל פרס, והספקות יתירות, וגם להיותם מכלל ראשי ישיבות, ודיני סנהדראות, להיות שמם וריחם נודף בכל הארץ, **ודומים במעשיהם לאנשי דור הפלגה הבונים מגדל וראשו בשמים**, ועיקר סיבת מעשיהם היא מה שאמר אחר כך הכתוב - **ונעשה לנו שם**... והנה על הכת הזאת אמרו בגמרא כל העוסק בתורה שלא לשמה, נוח לו שנהפכה שליתו על פניו, ולא יצא לאויר העולם. ואמנם האנשים האלה מראים תימה וענוה באמרם כי כל עסקם בתורה הוא לשמה. והנה החכם הגדול התנא רבי מאיר ע"ה העיד עליהם שלא כך הוא, באומרו לשון כללות - כל העוסק בתורה לשמה זוכה לדברים הרבה וכו', **ומגלים לו רזי תורה, ונעשה כנהר שאינו פוסק**, והולך

וכמעיין המתגבר מאליו, בלתי הצטרכו לטרוח ולעיין בה, ולהוציא טיפין טיפין של מימי התורה מן הסלע, הנה זה יורה שאינו עוסק בתורה לשמה כהלכתה, ומי זה האיש אשר לא יזלו עיניו דמעות בראותו המשנה הזאת, **ורואה חסרונו ופחיתותו**, עד כאן לשונו. לכן כל אחד צריך לטעום מעץ החיים.

חצות לילה אקום להודות לך על משפטי צדקך. כתב רבינו אליהו מני זצ"ל רבו של הרי"ח הטוב, בספרו הקדוש כסא אליהו שער ד' וז"ל - ואם זיכך הוי"ה ללמוד בחכמת האמת, הנה עצה היעוצה היא שכל סדר הלימוד בנגלה תתנהג בו ביום דווקא. **אבל בלילה תלמוד בחכמת האמת, והעיקר הלימוד אחר חצות**, כי זה הלימוד צריך ישוב דעת הרבה, וכשיקוץ האדם אז דעתו מיושבת עליו יותר. גם גה הלימוד צריך הסתר והצנע, **וכל דבר שיהיה בלילה ובפרט אחר חצות יהיה נסתר יותר מן היום**. ותעשה ועד עם החברים בבית המדרש אם הוא צנוע, **או בביתך ותלמדו בכל לילה**, עד כאן לשונו. וישב ללמוד האדם בלילה תחת עץ החיים.

קראתי בכל לב ענני הוי"ה חקיך אצרה. בהקדמה[7] לשער ההקדמות מבאר הרב ז"ל - ואמנם אל יאמר אדם אלכה לי ואעסוק בחכמת הקבלה, מקודם שיעסוק בתורה במשנה ובתלמוד, כי כבר אמרו רבינו ז"ל - אל יכנס אדם לפרדס **אלא אם כן מלא כריסו בבשר ויין**, והרי זה דומה לנשמה בלתי גוף, שאין לה שכר ומעשה וחשבון, עד היותה מתקשרת בתוך הגוף, בהיותו שלם מתוקן במצות התורה בתרי"ג מצות. **וכן בהפך** בהיותו עוסק בחכמת המשנה והתלמוד בבלי, ולא ייתן חלק גם אל סודות התורה וסתריה, כי **הרי זה דומה לגוף היושב בחושך**, בלתי נשמת אדם נר הוי"ה המאירה בתוכה, **באופן שהגוף יבש בלתי שואף ממקור חיים**, אשר זהו ענין אומרו במקום אחר ההוא הנזכר לעיל וז"ל - דאילין אינון דעבדי לאורייתא יבשה, ולא בעאן לאשתדלא בחכמת הקבלה וכו'. באופן כי התלמידי חכמים העוסקים בתורה לשמה, ולא לשמו, לעשות לו שם. צריך שיעסוק בתחילה בחכמת המקרא, והמשנה, והתלמוד, כפי מה שיוכל שכלו לסבול. ואחר כך יעסוק לדעת את קונו בחכמת האמת, וכמו שציוה דוד המלך ע"ה את שלמה בנו - דע את אלה"י אביך ועבדהו. ואם האיש הזה יהיה כבד וקשה בענין העיון בתלמוד, מוטב לו שיניח את ידו ממנו, אחר שבחן מזלו בחכמה זאת, ויעסוק בחכמת האמת. וזה שמבואר כל תלמיד חכם שאינו רואה סימן יפה בתלמוד בחמשה שנים, שוב אינו רואה, עד כאן דברי קודשו. ומזה כל אחד ואחד חייב להדבק במקור החיים.

חסדך הוי"ה מלאה הארץ חקיך למדני. בשער הגלגולים, בקדמה ט"ז כתב הרב ז"ל - עוד צריך שתדע, כי האדם צריך לקיים כל התרי"ג מצות, במעשה, ובדבור, ובמחשבה. וכמו שאמרו ז"ל על פסוק - זאת התורה לעולה ולמנחה וכו', כל העוסק בפרשת עולה, כאלו הקריב עולה וכו'. וכוונו בזה שהאדם מחוייב לקיים כל התרי"ג מצות בדבור, וכן על דרך זה במחשבה. ואם לא קיים כל התרי"ג בשלשה בחינות הנזכרות, מחוייב להתגלגל עד שישלים אותם. **עוד דע**, כי האדם מחויב לעסוק בתורה בארבעה מדרגות, **שסימנם פרד"ס**, והם, פשט, רמז, דרוש, סוד וצריך שיתגלגל עד שישלים אותם. ובהקדמה י"ז כותב הרב ז"ל, וז"ל - שהאדם **מחוייב לעסוק בתורה בארבעה מדרגות שבה**, והיא זאת, דע, כי כללות כל הנשמות

ע"ח ד"א ע"ד.

הם ששים רבוא ולא יותר. והנה התורה היא שרש נשמות ישראל, כי ממנה חוצבו, ובה נשרשו. ולכן יש בתורה ששים רבוא פירושים, וכלם כפי הפשט. וששים רבוא ברמז וששים רבוא בדרש. **וששים רבוא בסוד.** ונמצא, כי מכל פירוש מן הששים רבוא פרושים, ממנו נתהווה נשמה אחת של ישראל, ולעתיד לבא כל אחד ואחד מישראל, ישיג לדעת כל התורה כפי אותו הפירוש המכוון עם שרש נשמתו, אשר על ידי הפרוש ההוא נברא ונתהווה כנזכר. וכן בגן עדן אחר פטירת האדם, ישיג כל זה. וכן בכל לילה כאשר האדם ישן, ומפקיד נשמתו ויוצאה ועולה למעלה, הנה מי שזוכה לעלות למעלה, שבו תלוי הפירוש, שבו תלוי שרש נשמתו. ואמנם הכל כפי מעשיו ביום ההוא, כך באותה הלילה ילמדוהו, פסוק אחד, או פרשה פלונית, כי אז מאיר בו יותר פסוק ההוא משאר הימים. ובלילה האחרת יאיר בנשמתו פסוק אחר, כפי מעשיו של אותו היום, וכולם על דרך הפירוש ההוא אשר תלויה בו שרש נשמתו כנזכר, עד כאן דברי קודשו. ור"ל שכל יהודי ויהודי חייב להשיג את שורש נשמתו, וללמוד את סוד **החיים.**

יבאוני רחמיך ואחיה כי תורתך שעשעי. מבואר במדרש משלי - אמר רבי ישמעאל, בוא וראה כמה קשה יום הדין שעתיד הקדוש ברוך הוא לדון את כל העולם כולו בעמק יהושפט. בזמן שתלמידי חכמים באים לפניו, אומר לכל אחד מהם - כלום עסקת בתורה, אמר לו הן, אמר לו הקדוש ברוך הוא הואיל והודית, אמור לפני מה שקרית, ומה ששנית בישיבה, ומה ששמעת בישיבה. מכאן אמרו - כל מה שקרא אדם יהא תפוש בידו, ומה ששנה כמו כן, שלא תשיגהו בושה ליום הדין. מכאן היה רבי ישמעאל אומר - אוי הלה לאותה בושה, אוי לה לאותה כלימה, ועל זה ביקש דוד מלך ישראל בתפילה ובתחנונים לפני המקום ואמר - **הוי"ה** בוקר תשמע קולי בוקר אערך לך ואצפה. בא לפניו מי שיש בידו מקרא ואין בידו משנה, הקדוש ברוך הוא הופך את פניו ממנו, ושרי גיהנם מתגברים בו כזאבי ערב, ונוטלין אותו ומשליכין אותו לתוכה. בא לפניו מי שיש בידו שני סדרים או שלושה, אז הקדוש ברוך הוא אומר לו - בני, כל ההלכות למה לא שנית אותם, ואם אומר הקדוש ברוך הוא הניחוהו, מוטב, ואם לאו עושין לו כמידת הראשון. בא לפניו מי שיש בידו הלכות, הקדוש ברוך הוא אומר לו - בני, תורת כהנים למה לא שנית, שיש בה טומאה וטהרה, וטומאת שרצים וטהרת שרצים, טומאת נגעים וטהרת נגעים, טומאת נתקים ובתים וטהרת נתקים ובתים, טומאת זבים ולידה וטהרת זבים ולידה, טומאת מצורע וטהרתו, סדר ווידוי יום הכיפורים, וגזירות שוות, ודיני ערכים, וכל דין שדנו ישראל לא דנו אלא מתוכו. בא לפניו מי שיש בידו תורת כהנים, אומר לו הקדוש ברוך הוא - בני, חמישה חומשי תורה למה לא שנית, שיש בהם קריאת שמע, ותפילין, ומזוזה. בא לפניו מי שיש בידו חמישה חומשי תורה, אומר לו - בני, למה לא למדת הגדה, ולא שנית, שבשעה שחכם יושב ודורש, אני מוחל ומכפר עוונותיהם של ישראל, ולא עוד אלא בשעה שעונין אמן יהא שמיה רבה מברך, אפילו נחתם גזר דינם אני מוחל ומכפר להם עוונותיהם. בא לפניו מי שיש בידו הגדה, אומר לו הקדוש ברוך הוא - בני, תלמוד למה לא שנית, שנאמר - כל הנחלים הולכים אל הים והים איננו מלא, זה התלמוד, שיש בו חכמות הרבה. בא מי שיש בידו תלמוד, הקדוש ברוך הוא אומר לו - בני, הואיל ונתעסקת בתלמוד, **צפית במרכבה, צפית בגאוה,** שאין הנייה בעולמי, אלא בשעה שתלמידי חכמים יושבים ועוסקים בתורה, מציצין ומביטין ורואין והוגין המון התלמוד הזה - **כסא כבודי היאך הוא עומד. רגל הראשונה במה היא משמשת, שנייה במה היא משמשת, שלישית במה היא משמשת, רביעית במה היא משמשת, חשמל היאך הוא עומד, ובכמה פנים הוא מתהפך בשעה**

אחת, לאי זה רוח הוא משמש, הברק היאך הוא עומד, כמה פנים של זוהר נראין בין כתפיו, לאיזה רוח רוח משמש, כרוב היאך הוא עומד, לאי זה רוח הוא משמש. גדולה מכולם עיון כיסא הכבוד, היאך הוא עומד, עגול הוא כמין מלבן, ומתוקן הוא, כמה גשרים יש בו, כמה הפסק בין גשר לגשר, וכשאני עובר באיזה גשר אני עובר, ובאי זה גשר האופנים עוברים, ובאיזה גשר הגלגלים עוברים. גדולה מכולם מצפורני ועד קודקודי, היאך אני עומד, כמה שיעור בפיסת ידי, וכמה שיעור אצבעות רגלי. גדולה מכולם כיסא כבודי, היאך הוא עומד, לאיזה רוח הוא משמש, באחד בשבת לאיזה רוח הוא משמש, בשני בשבת לאיזה רוח הוא משמש, בשלישי בשבת לאיזה רוח הוא משמש, ברביעי בשבת, בחמישי בשבת, בשישי בשבת לאיזה רוח משמשין, וכי לא זהו הדרי, זהו גדולתי, זהו הדר יופי, שבניי מכירין את כבודי במידה הזאת. ועליו אמר דוד - מה רבו מעשיך הוי"ה, כולם בחכמה עשית, מלאה הארץ קנייניך. עד כאן לשון המדרש. ממדרש זה לומדים על חובת כל אחד ואחד מישראל את לימוד כל חלקי הפרד"ס, ובעיקר את בחינת הסוד שבתורה, הנקרא[8] מעשה מרכבה, ובמעשה בראשית. ומבאר הרב בית יהודה על השינוי שיש בפסוקים במעמד הר סיני, בפסוק אחד כתוב - ויחן שם **ישראל** תחת ההר. ומספר פסוקים יותר מאוחר כתוב וירא **העם** וינועו מרחק. וידוע כי כאשר כתוב בתורה **ישראל**, מדובר **בבני ישראל**, וכאשר כתוב **העם**, מדובר על **הערב רב**. וז"ל הרב בית יהודה - ובזוהר בהעלותך דף קנ"ב ע"א קרי להעוסקים בחכמת האמת, אינון דהוי קיימי בטורא דסיני. וז"ל - חכמין עבדי דמלכא עלאה אינון דקיימו בטורא דסיני, לא מסתכלי אלא בנשמתא, דאיהי עיקרא דכלא אורייתא ממש וכו'. ונראה בעיני אם מותר, משמע אותן יודעים סודות התורה לא עמדו על הר סיני, עד כאן לשונו. ונראה לי בביאור כוונתו כי בתחלה כשיצאו ישראל לקראת האלהי"ם, היו מתייצבים בתחתית ההר, ואחר כך נאמר וירא העם וינועו ויעמדו מרחוק, כי היו יראים פן תאכלם האש הגדולה הזאת וימיתו. והיה מקצת מהעם שהיו ששים ושמחים לקראת השכינה, ולא רצו לזוז ממקומם הראשון, ולעמוד מרחוק, אפילו אם ימיתו ממש. ועליהם הוא מה שכתב בזוהר הנזכר - אינון דקיימו בטורא דסיני, כלומר ולא נעו ועמדו מרחוק, אלא עמדו בטורא דסיני מתחלה ועד סוף, ולכן הם זוכים לחכמת האמת. ואותם הנשמות אשר נעו עם העם ועמדו מרחוק, כן הם עושים גם עתה, שנסים ועומדים מרחוק לחכמת האמת מיראתם, פן תאכלם האש הגדולה הזאת. ולכן על כל אחד ואחד מבני ישראל הקדושים מחויב לעמוד תחת עץ החיים.

יראיך יראוני וישמחו כי לדברך יחלתי. בספר הזוהר הקדוש מבואר מדוע התפילות של בני ישראל לא נענות, וז"ל תיקוני הזוהר תיקון מ"ג - **בראשית תמן את"ר יב"ש** במלת בראשית יש אותיות את"ר יב"ש, **ודא איהו ונהר יחרב ויבש** היסוד הנקרא נהר יחרב ויבש ממי השפע, ואין לו מה להשפיע למלכות, **בההוא זמנא דאיהו יבש** באותו הזמן שהיסוד הוא יבש, **ואיהי יבשה** המלכות הנקראת יבשה, היא יבשה כי לא מקבלת שפע מהיסוד, אז כאשר **צוויחין בנין לתתא** מתפללים וצועקים בני ישראל, **ביחודא ואמרין** וביחוד שאומרים בני ישראל **שמע ישראל** שיבא ז"א הנקרא ישראל להתיחד עם נוקבא בשעת התפילה דעמידה, עם כל זאת **ואין קול** של התפילה או הקריאת שמע שעוזרים לזיווג דזו"ן **ואין עונה** ואין מי שיענה וימלא את הבקשות בתפילתם. **הדא הוא דכתיב** וזהו שכתוב - **אז בני ישראל יקראונני**

---

⁸ גמרא חגיגה די"א ע"ב

בני ישראל בעת צרתם בקריאת שמע ובתפילה, **ולא אענה** ואני לא אענה אותם בתפלתם, מפני שלא לומדים ומתעסקים בפנימיות התורה. **והכי מאן דגרים דאסתלק** וכל מי שגורם הסלקות פנימיות תורת הקבלה **וחכמתא מאורייתא דבעל פה ומאורייתא דבכתב** מהתורה שבעל פה והתורה שבכתב, **וגרים דלא ישתדלון בהון** וגורמים גם לאחרים שלא יתעסקו וילמדו את חכמת הקבלה, **ואמרין דלא אית אלא פשט באורייתא ובתלמודא** ואומרים שאין בתורה ובתלמוד אלא פשט התורה, בלי פנימיות הסוד, **בודאי כאלו הוא יסלק נביעו מההוא נהר** בודאי נחשב לו כאילו הוא מסתלק את נביעת שפע החכמה והבינה מן היסוד, **ומההוא גן** ומן הנוקבא הנקראת גן, **ווי ליה** לאותו יהודי **טב ליה דלא אתברי בעלמא** טוב לו שלא היה נברא, **ולא יוליף ההיא אורייתא דבכתב ואורייתא דבעל פה** ולא היה לומד תורה שבכתב ותורה שבעל פה, כי דינו כעם הארץ שלא למד כלל, ועוד **דאתחשב ליה כאלו אחזר עלמא לתהו ובהו** שנחשב לו כאילו החזיר את העולם לתהו ובהו, ר"ל לסוד שבירת הכלים לפי שמגביר הקליפות כאשר הנהר והגן יבשים, **וגרים עניותא בעלמא ואורך גלותא** וגורם עניות בעולם ומאריך את הגלות השכינה וביאת המשיח. עד כאן דברי הזוהר הקדוש. וכותב רב חיים ויטאל זלה"ה בההקדמה וז"ל - אמנם שעשועות של הקדוש ברוך הוא בתורה, והיותו בורא בה את העולמו, היתה בהיותו עוסק בתורה בבחינת הנשמה הפנימית שבה, הנקרא - רזי תורה, הנקרא מעשה מרכבה, **היא חכמת הקבלה** כנודע אל היודעים, וטעם הדבר הוא להיותו עולם האצילות העליון מאד, טוב ולא רע, דלא יכיל להתערבא עמיה קליפה, ועליה אתמר - וכבודי לאחר לא אתן, כנזכר בספר התיקונין דף ס"ו תיקון י"ח, וכן בספר הזוהר בפרשת בראשית דף כ"ח ע"א עיין שם. ולכן גם התורה אשר שם]**אח"י** - בעולם האצילות[איננה רק מופשטת מכל לבושי הגופנים, מה שאין כן למטה בעולם היצירה, עולם דמטטרו"ן, הנקרא עבד טוב, והוא הנקרא עץ הדעת טוב מסטרא, ומסטרא דסמא"ל שהוא קליפין דיליה, **נקרא עבד רע**, כי התורה אשר שם, הם שית סדרי משנה **הנקראים שפחה** כנזכר לעיל, וכנזכר בפרשת בראשית שם דף כ"ז ע"א. ולכן נקראת משנה, לפי ששם יש שינויים הפוכים **טוב מסטרא דעבד טוב**, היתר, כשר, טהור. **רע מסטרא דעבד רע**, איסור, טמא, פסול. גם הוא מלשון כי מרדכי היהודי משנה למלך, שהיה שפחה הנקרא עבד מלך, מלך גם נקרא מלשון שינה, כנזכר בפרשת פינחס דף רמ"ד ע"ב - קם זמנא תנינא ואמר, מארי מתניתין בשמתין ורוחין ונפשין דילכון אתערו כען ואעברו שינתא מניכון דאיהו, ודאי משנה אורח פשט, דהאי עלמא ואנא לא אתערנא בכו, אלא ברזין עילאין דעלמא דאתי דאתון בהון, לא ינום ולא ישן. וזה יובן במה שמבואר יותר למעלה שם - **ורבנן דמתניתין ואמוראי, כל תלמודא דלהון על רזין דאורייתא סדרו ליה**. ונמצא כי המשנה והש"ס הם הנקרא גופי תורה. והנה דבריהם כחלום בלי פתרון, **ורזייה וסתריה הפנימים הנקרא נשמת התורה, הם הם פתרון החלום הנפתר בהקיץ**, בסוד - אני ישנה ולבי ער, וכמו[9] שאמרו חכמים ז"ל - **במחשכים הושיבני כמתי עולם, זה תלמוד בבלי**, אשר איננו מאיר אלא על ידי ספר הזוהר, **הם הם רזי תורה וסתריה** אשר עליהם נאמר - ותורה אור. ואין ספק כי כמו שהיצר נקראת עבד ושפחה בערך האצילות, ונקרא קליפין ולבושין דחול, כנזכר בהקדמת ספר התיקונין ד"ג ע"ל וז"ל - וביומי דחול לביש עשר כתות דמלאכיא דמשמשי לעשר ספירות דבריאה. ואם כן אין לתמוה כי התורה אשר שם שהיא המשנה, תהיה נקרא שפחה וקליפין דתורה דאצילות, וזה סוד כל הבשר חציר הנזכר

סנהדרין דכ"ד ע"א.

לעיל במאמר הראשון, כי כמו שהחטה שהיא בגימטריא כמנין כ"ב אותיות התורה, הגנוזה תוך כמה קליפין ולבושין שהם הסובין והמורסן והתבן והקש והעשב, הנקרא חציר, כן המשנה אצל סודות התורה נקרא חציר, וזה נרמז בספר הזוהר פרשת כי תצא ברעיא מהמנא דף רע"ה ע"ב - **אצל רבנן ווי לאינון דאכלין תבן דאורייתא, ולא ידעי בסתרי אורייתא, אלא קלין וחמורין דאורייתא, קלין אינון תבן דאורייתא, וחמורין אינון חטה דאורייתא, ח"ט ה' אלנא דטוב ורע וכו'.** ואלו באתי להרחיב דרוש זה לא יספיקו מאה קונטרסין בלי ספק בלי שום גוזמא, האמנם החכם עיניו בראשו כי דברי אמת אני אומר, ואל יתמה האדם בראותו ספר הזוהר איך קורא אל המשנה שפחה וקליפין, כי עסק המשנה כפי פשטיה, **אין ספק שהם לבושין וקליפין חיצונים בתכלית אצל סודות התורה הנגנזים**, ונרמזים בפנימיותה כי כל פשטיה הם בעולם הזה בדברים חומרים תחתונים..... על כן על כל בני ישראל לאכול מעץ החיים.

מה אהבתי תורתך כל היום היא שיחתי. ומבאר הרב ז"ל בהקדמה לשער המצות, כי עסק לימוד פנימיות התורה הוא חלק בלתי נפרד מתלמוד תורה, וז"ל - גם בענין עסק התורה שהיא אחת מרמ"ח מצות עשה, אם לא השלים אותה, **שהוא ענין עסקו בפרד"ס התורה,** שהוא ראשי תיבות **פשט רמז דרש סוד,** בכל בחינה מהם כפי אשר יוכל להשיג, **עד מקום שידו מגעת,** לטרוח ולעשות לו רב שילמדנו. ואם לא עשה כן, הרי חסר מצוה אחת של תלמוד תורה, שהיא גדולה ושקולה ככל המצות, וצריך **להתגלגל** עד שיטרח הארבעה בחינות של פרד"ס כנזכר. וכן מבאר הרב בית לחם יהודה בהקדמתו הקדושה, וז"ל - ומה מאד נמלצו [**אח**]**"י** - מלשון מליצה] בזה דברי הנביא ירמיה)סימן כ"ב(באומרו - אל תבכו למת וכו'. שהוא מדבר עם הציבור המתקבצים להספיד על איזה צדיק הנפטר רח"ל, על שנחסר צדיק אחד מהדור שהיה מנין בזכותו עליהם. וקאמר להו הנביא אל תבכו וכו', **לפי שרובם של צדיקים אינם זוכים לעסוק בכל ארבעה חלקי הפרד"ס, ואם כן מוכרחים הם לחזור ולבוא בגלגול כדי להשלים לימודם בארבעה חלקים,** כי אפילו הוא עסק בשלוש חלקי הפרד"ס, לא יצא ידי חובתו, ועליו נאמר הן כל אלה יפעל א"ל פעמים שלש עם גבר, להחזירו בגלגול. ואם כן הויא פסידא דהדרא. ואפשר שבו ביום שנפטר הוא חוזר ומתגלגל, כנזכר בזוהר ריש פרשת אמור, יעו"ש. ואם כן אין לכם פסידא כל כך. אמנם בכו בכו להלך, לאותו צדיק שכבר עסק בארבעה חלקי הפרד"ס. כי תיבת להלך היא חסר ו', ואם תחשוב תיבת להלך ארבעה פעמים עם ארבעה הכוללים, שהם כנגד ארבעה חלקי הפרד"ס, הם כגימטריא פרד"ס. **שזה הצדיק לא ישוב עוד וראה את ארץ מולדתו, כי על ארבעה לא אשיבנו.** שזהו פסידא דלא הדרא באמת, ונחסר לגמרי מן העולם הזה, עד כאן לשונו. ולכן חובה על כל אדם לעסוק בכל חלקי הפרד"ס, ובפרט בחלק הסוד, הנקרא פנימיות התורה, כמבואר בזוהר הקדוש כמובא בזוהר הקדוש פרשת נשא דף קכ"ד - **בהאי חבורא דילך דאיהו ספר הזוהר יפקון ביה מן גלותא ברחמי,** בזכות הלימוד בספר הזוהר הקדוש, יצאו בני ישראל מהגלות **ברחמים.** ועוד כל מי שחשקה נפשו ללמוד, אסור למנוע זאת ממנו, בסוד הפסוק[10] - אל תמנע טוב מבעליו, ועל כל אדם להיכנס לפרד"ס החיים.

משלי ג' כ"ז – אל תמנע טוב מבעליו בהיות לאל ידך לעשות.

אשרי האיש אשר לא הלך בעצת רשעים ובדרך חטאים לא עמד ובמושב לצים לא ישב. דע כי יהיו הרבה אנשים רשעים, שינסו למנוע מבני ישראל הקדושים ללמוד בכללות תורה, ובפרט את תורת הקבלה, מכל מיני סיבות ומניעות, והשטן מדבר מגרונם של אלו הרשעים. ואלו דברי קודשו של בעל שבט מוסר רבינו אליהו הכהן האתמרי זצלה"ה - ובהביטך בן אדם מה שעבר על אחרים למה תרדוף אתה אחר כל אלה הדברים הזרים, להשביע נפש מרורים ולמוסרה ביד צרים המה המקטרגים הצוררים, ולמה לא תחמול על נפשך ועל נועם תבנית צלם גופך למוסרו בידן ולהשליכו בתוך גחלי רתמים בטיט היון של גיהנם, להשחירו ולהתיכו כאשר ניתך הזפת בפני האש, אשר על כן תן עצה אתה בנפשך **לברור בדרך החיים בעסק התורה והמצות**, וגם להצטער עצמך זמן קצוב הם חיי עולם הזה, כדי שתתענג זמן רב בלתי סוף ותכלית, ואל יעלה על דעתך כאשר עלה בדעת הרבה שנאבדו בידם באומרם כיון שמכיר אני בעצמי שאין בדעתי להבין ולהשכיל, איני עוסק בתורה, טועה הוא בדבר, שהרי הוא מחוייב לעשות מה שנצטוה לעשות, ואם יבין יבין, **שהרי והגית בו יומם ולילה כתיב** ולא כתיב ותבין בו, וכן תמצא בדברי התנא אם למדת תורה הרבה נותנין לך שכר הרבה, ואינו אומר אם הבנת הרבה, אלא למדת אמרו, ותשתדל להבין ואם תבין תבין, ואם לא שכר לימודך בידך, וכמאמר התנא לפום צערא אגרא, ומה גם שאמרו האדם איני לומד מפני שאיני מבין, **הוא פיתוי היצר**, יתמיד בלימודו וסוף הבינה לבא, שבראות קדוש ברוך הוא **חשקו בתורתו ודבקותו בה, פותח לו מעייני החכמה**, דכתיב - כי הוי"ה יתן חכמה מפיו דעת ותבונה. והנני מוסר לך דבר אשר תרדוף אחריה, ויהיה חיים לנפשך וענקים לגרגרותיך, **לעולם יהיה עיקר לימודך בדבר של תורה שליבך חפץ יותר**, אם בגמרא גמרא, ואם בדרוש דרוש, ואם ברמז רמז, **ואם בקבלה קבלה**, ורמז לדבר כי אם בתורת הוי"ה חפצו, כלומר תורת הוי"ה תלויה בדבר שלבו חפץ לעסוק, וכמו שמבאר האר"י זלה"ה בספר דרושי הנשמות והגלגולים פרק שלישי, וז"ל - יש בני אדם שכל חפצם ועסקם בפשטי התורה, ויש שעוסקם בדרוש, ויש ברמז, ויש גם כן בגימטריות, **ויש בדרך האמת**, הכל כפי מה שעליו נתגלגל בפעם ההוא, כיון שהשלים פעם אחרת בשאר העניינים, אין צורך לו שבכל גלגול יעסוק בכולם, עד כאן לשונו. **ואל תביט ותשגיח לדברי המתנגדים על מה שחשקת לעסוק בתורה** בגמרא או בפשט או בדרוש וכו', באומרם לך למה אתה מוציא כל ימיך בפרט זה של תורה ולא בפרט זה, משום שעל מה שחשקת ללמוד, על דבר זה באת לעולם, ואם תשים דעתך לדבריהם, יכריחוך להתגלגל בזה העולם פעם אחרת ולעבור נפשך בחרב חדה של מלאך המות ולטעום טעם מיתה, ולכן לא תשמע לדברי המשחית דברי נפשך, **כי דע שהשטן מתלבש באלו האנשים לדאוג ולהצטער ולהכאיב נפש הלומד ועוסק בתורה**, בחלק שֶׁאָוְתָה נפשו לעסוק, כדי להבדילו משם שלא ישלים נפשו, על מה שבא להשלימה, ולהכריחו גלגולים אחרים, וכשם שבדבר שחושק יותר האדם ללמוד, משם יבין שעל דבר זה נתגלגל להשלים, כך צריך האדם שידע שורש נשמתו ומהיכן נמשך ועל מה בא לתקן ולהשלים, כמו שאמר בזוהר שיר השירים על הגידה לי את שאהבה נפשי וכו'. **וכדי שיבין יראה באיזה מצוה תקיף יצרו יותר לבטלה יתחזק בה לקיימה, כי בוודאי על מצוה זו נתגלגל**, וכדי שלא ישלים חוקו מנגדו יצרו לבטלה להוציאו מן העולם בידים ריקניות... ולכן לא תשמע לדברי רשעים אלו, אלא תשמע לדברי חיים.

חבר אני לכל אשר יראוך ולשמרי פקודיך. בסוף[11] עץ חיים מובא מספר כללים למהרח"ו, וז"ל - להאר"י זלה"ה. הרמב"ן וחבריו ודברי ראשונים כמו רבי נחוניא בן הקנה לא הזכירו רק עשר ספירות, ולא גילו עניני פרצוף כלל. **ודע שהרמב"ן והראשונים היו יודעים בפרצוף**, אלא שדברו בהעלם גדול, לרוב הגלות שלא ניתן רשות לגלות, ולהתפשט האורות הגדולים, מאחר שגברו הקליפות, וכל זר לא יאכל קדש. **אמנם בעקבות משיחא כמו בדורינו זה התחילו האורות להתפשט להיות כבראשונה**, כמו שהיה בזמן העולם מתוקן ולהתתקן מעט. ומתחלה היו האורות סתומים, היה העולם מקולקל, וכל מה שנתקלקל נסתם בגלות, ולא היו משיגין אלא עשר ספירות בסתום, בסוד הנקודות, כל אחד כלול מעשר, ובענין הפרצופים לא נתגלה להם כלל, לפי שמצאו בדברי הראשונים סתומים, ולא ידעו עומק הדברים, וחשבו שכך הוא ודברו בעשר ספירות כל אחד כלול מעשר ובבחינות הרבה, ולפי שראיתי מי שחולק על דברים אלו לאמור שלא מצינו אלא עשר ספירות, ומהיכן יש לשלוט כח לאמור כמה פרצופים שנמצא יותר מעשר ספירות, ומספר רב והלא הראשונים כתבו בספר יצירה - עשר ולא תשע, עשר ולא י"א, לזה באתי לפתוח לך כחודא דמחטא, אולי תזכה להבין מקצת, וכולו לא תשורנו עין, וזהו. ובהקדמתו[12] הקדושה כותב הרב ז"ל - והנה אין בכל דור ודור שלא נמצאו בו אנשים יחידי סגולה ששרתה עליהם רוח הקודש, והיה אליהו הנביא ז"ל נגלה עליהם, **ומלמד אותם סתרי החכמה הזאת**, וכמו שנמצא כתוב בספרי המקובלים, גם בעל ספר הרקנטי כתב בפרשת נשא בפרשת ברכת כהנים......ואנשי לבב שמעו לי, אל יהרסו אל הוי"ה, **לראות בספרי האחרונים הבנויים על פי השכל האנושי**, ושומע לי ישכון בטח ושאנן מפחד רעה. ולכן אני הכותב הצעיר חיים וויטאל, רציתי לזכות את הרבים **בהעלם נמרץ והמשכילים יבינו**, וקראתי שם החבור הזה על שמי **ספר עץ חיים**, וגם על שם החכמה הזאת העצומה, חכמת הזוהר, הנקרא עץ חיים, ולא עץ הדעת כנזכר לעיל, בעבור כי בחכמה הזאת טועמיה חיים זכו, ויזכו לארצות החיים הנצחיים, **ומעץ החיים הזה ממנו תאכל, ואכל וחי לעולם**. ואשכילך ואורך דרך זו תלך דע מן היום אשר מורי זלה"ה החל לגלות זאת החכמה, **לא זזה ידי מתוך ידיו אפילו רגע אחד**, וכל אשר תמצא כתוב באיזה קונטריסים על שמו ז"ל, ויהיה מנגד מה שכתבתי בספר הזה, **טעות גמור הוא, כי לא הבינו דבריו, ואם יש בהם איזה תוספות שאינו חולק עם ספרינו זה, אל תשית לבך בקבע אליו, כי שום אחד מהשומעים את דברי קדשו, לא ירדו לעומק דבריו וכוונתו, ולא הבינום**, בלי שום ספק. ואם יעלה לחשוב שתוכל לברור הטוב ולהניח הרע, אל בינתך אל תשען, כי אין הדברים האלו מסורים אל לב האדם כפי שכל אנושי, והסברא בהם סכנה עצומה, ויחשב בכלל קוצץ בנטיעות חס ושלום, לכן הזהרתיך ואל תסתכל בשום קונטרסים הנכתבים בשם מורי זלה"ה, זולתי במה שכתבנו לך בספר הזה, **ודי לך בהתראה זאת**, אלו הם דברי קודשו. ועלינו ללמוד אך ורק בתורת מורינו חיים.

אני קראתיך כי תענני אל הט לי אזנך שמע אמרתי. עוד כתב הרב ז"ל בהקדמתו תנאים כדי לזכות לחכמה הקדושה הזאת, וז"ל - אני הכותב משביע בשמו הגדול יתברך, לכל מי שיפלו

---

[11]

ע''ח ח''ב דקי''ט ע''א.

[12]

ע''ח ד''ד ע''ב.

הקונטרסים אלו לידו, שיקרא הקדמה זאת, ואם אותה נפשו לבוא בחדרת החחכמה זאת, יקבל עליו לגמור ולקיים כל מה שאכתוב וייעד עליו יוצר בראשית, שלא יבוא אליו היזק בגופו ונפשו, ובכל אשר לו, ולא לאחרים. תחת רודפו טוב והבא לטהר ולקרב. **ראשית הכל יראת הוי"ה, להשיג יראת העונש, כי יראת הרוממות, שהוא יראה הפנימית, לא ישיגוהו רק מתוך גדלות החכמה**, ועיקר מגמתו בידיעה הזה יהיה לבער קוצים מן הכרם, כי לכן נקראים העוסקים בחכמה הזאת מחצדי חקלא. **ובודאי שיתעוררו הקליפות נגדו לפתותו ולהחטיאו, לכן יזהר שלא לבוא לידי חטא אפילו שוגג**, שלא יהיה להם שייכות בו, לכן צריך ליזהר מהקלות, כי הקדוש ברוך הוא   מדרדק עם הצדיקים כחוט השערה, לכן צריך לפרוש עצמו מבשר ויין כל ימות השבוע, **וצריך הזהרת סור מרע ועשה טוב**, ובקש שלום צריך להיות רודף שלום, ולא להקפיד בביתו על דבר קטן וגדול, וכל שכן שלא יכעוס ח"ו.

<u>וצריך להתרחק בתכלית הריחוק סור מרע.</u>

א. ליזהר בכל דקדוקי מצות, ואפילו בדברי חכמים, שהם בכלל לא תסור.

ב. לתקן המעוות קודם שיבא לעולם הבא.

ג. יזהר מהכעס, אפילו בשעה שמוכיח את בניו, לא יכעוס כלל ועיקר.

ד. גם צריך ליזהר מהגאוה, ובפרט בענין הלכה, כי גדול כחה והגאוה, בזה עון פלילי.

ה. בכל צער שיבא לו, יפשפש במעשיו וישוב אל הוי"ה.

ו. גם יטבול בעת הצורך לו.

ז. גם יקדש את עצמו בתשמיש המטה שלא יהנה.

ח. שלא יעבור כל לילה ויחשוב בכל לילה מה שעשה ביום, ויתודה.

ט. גם ימעט בעסקיו ואם אין לו פרנסה כי אם על ידי משא ומתן, יכין יום שלישי ויום רביעי, מחצי היום ואילך, ובכוונה שהוא לעבודת קונו.

י. כל דבור שאינו של מצוה והכרחי, יהיה זהיר ממנו, ואפילו דבר מצוה ימנע בשעת התפלה.

<u>ועשה טוב</u>

א. לקום בחצי הלילה, ולעשות הסדר בשק ואפר ובכי גדול, ובכוונה כל אשר יוציא בשפתיו. ואחר כך יעסוק בתורה כל זמן שיוכל להיות בלי שינה, ובלבד שחצי שעה קודם עלות השחר יתעורר לעסוק בתורה.

ב. ילך לבית הכנסת קודם עלות השחר, קודם חיוב טלית ותפילין, להיזהר שיהיה מעשרה ראשונים.

ג. קודם שיכנס, ישים אל לבו מצות עשה ואהבת לרעך כמוך, ואחר כך יכנס.

ד. להשלים רמז צדיק בכל יום. שהוא צ' אמנים, ד' קדושות, י' קדושים, ק' ברכות.

ה. שלא להסיח דעתו מהתפילין בעת התפילה, זולת בעת העמידה ועסק התורה.

ו. צריך שיהיה עוסק בתורה, מעוטף בטלית ותפילין.

ז. לכוין בתפלה הכוונות, כמו שנבאר בע"ה.

ח. שישים תמיד נגד עיניו שם בן ארבעה אותיות הוי"ה, ויזדעזע ממנו - שויתי הוי"ה לנגדי תמיד.

ט. שיכוין בכל הברכות, בפרט בברכת הנהנין.

י. צריך שיהיה עמל בתורה פרד"ס, שנאמר או יחזיק במעוזי, ואל יחשוב שיגלו לו רזי התורה בהיותו ריק, כדכתיב - יהב חכמתא לחכימין, וצריך ליזהר שלא יוציא בשפתיו בחכמה זו, מה שלא שמע מאדם שראוי לסמוך עליו, וכאזהרת רשב"י וחבריו. השגת החכמה תנאי הראשון, צריך למעט דבורו, ולשתוק, כל מה שיוכל כדי שלא להוציא שיחה בטילה, כמאמר רז"ל - סייג לחכמה שתיקה. גם תנאי אחר, על כל דבר תורה שלא תבינהו, תבכה עליו כל מה שתוכל. גם עלית הנשמה בלילה לעולם העליון, שלא תשוט בהבלי העולם, תלוי שתישן בבכיה. ומרת עצבות מגונה עד מאוד, ובפרט להשיג חכמה, והשגה אין לך דבר מונע השגה יותר מזה. גם בענין השגת האדם, אין לך דבר שמועיל כמו הטהרה והטבילה, שיהיה האדם טהור, בכל עת ומורי זלה"ה עם היות שהיה לו חולי השבר שהיקור מזיק לו, עם כל זה לא היה מונע מלטבול בכל עת, עד כאן דברי קודשו. ועלינו לקיים את בקשת הרב ז"ל את הבחינות של[13] סור מרע ועשה טוב, כדי לטפס בעץ החיים.

מרן הרש"ש[14] מעיד על עצמו, וז"ל - וראיתי מה שכתבו מעלת כבוד תורתם, על ענין עבודת הוי"ה שקצרתי במקום שהיה ראוי להרחיב מעט הדיבור, אמת הוא כי לכתחילה קצרתי בו, **יען ראיתי כמה מהנזק יצא ממה שכתבו בזה המקובלים שקדמו, כי רבים חללים הפילו, וחלול כבוד הוי"ה, וכבוד התורה. הוי"ה יכפר בעדם, כי כל דבריהם לא על פי התורה הם, ואינם מיוסדים על האמת, ומהם יצאו אבות, ומאבות תולדות הריסת יסודי התורה ח"ו, הוי"ה יכפר. וכל זה לא שלמדתי בדבריהם ח"ו,** אלא שפעם אחת הוכרחתי בעל כרחי לעיין בדף אחד שכתוב בו קצור מה שכתבו בענין זה, **וכמעט שקרעתי בגדי לראות דברים אשר לא כן על הוי"ה.** הוי"ה יכפר, וכבר מילתי אמורה להם, **כי עידי בשמים כי כל עסקי ולמודי, אינו רק בדברי האר"י זלה"ה, ותלמידו מהרח"ו ז"ל לבדם, ובלעדם אין לי עסק בשום ספר מספרי המקובלים ראשונים ואחרונים, ואפילו בדברי שאר תלמידי האר"י ז"ל לא למדתי, וכשיזדמן לפני דבר מדבריהם, אני מדלגו.** כי על כן איני כמזהיר, אלא כמזכיר, למען הוי"ה, אל יהי לכם מגע יד בדבריהם, ובפרט בענין זה, השמרו לכם פן יפתה לבבכם, **אלא כל לימודם לא יהיה אלא בעץ חיים ובספר מבוא שערים ובשמונה שערים המפורסמים,** שכולם דברי אלהי"ם חיים. ואני קצרתי בענין זה כל מה שאפשר, כי יראתי פן יפלו דפים אלו ביד מי שעדיין לא למד דברי האר"י ז"ל כראוי, **ויחשידני שלמדתי בספרים אחרים, ולא כן הוא כאמור,** ולכן קצרתי בו, ופיזרתי בהקדמה, עד כאן דברי קודשו של מרן הרש"ש. ואנחנו תפילה שיתגלה משיח צדיקנו במהרה בימינו, ומלאה[15] הארץ דעה את הוי"ה כמים לים מכסים, דעת תורת החיים.

---

[13]

תהלים ל"ד ט"ו – סור מרע ועשה טוב בקש שלום ורדפהו.

[14]

נהר שלום דף ל"ד ע"א.

[15]

ישעיהו י"א ט' – לא ירעו ולא ישחיתו בכל הר קדשי כי מלאה הארץ דעה את הוי"ה כמים לים מכסים.

כתב רבינו גאון הקבלה רבי אליהו מני, רבו של הרי"ח הטוב, רבי יוסף חיים בעל הספר "בן איש חי", בספרו הקדוש **כסא אליהו** כי על הלומד ללמוד כל מאמר ומאמר ארבעה חמשה פעמים בלי המפרשים, וינסה להבין את המאמר בעצמו. ואחר כך ילך לראות אם כיוון לדעת המפרשים.

וכן אני הקטן מבקש בכל לשון של בקשה, ללמוד את הדרוש כמו שהוא מובא בספר עץ חיים, ארבעה חמישה פעמים, כדי לנסות להבין את הדרוש. וכל דרוש מובא בתחילת הספר במלואו.

אחר כך יכנס ללמוד את הדרוש עם ביאור הדברים, עוד ארבעה חמישה פעמים, ואחר כך יראה את המקורות להגהות, ודברי רבותינו הקדושים, עם התרשימים וטבלאות.

ואז יעלה ויצליח בלימוד תורת האר"י החי.

כתב רבינו **השד"ה** רבי שאול דווייק הכהן, בהקדמת ספרו איפה שלימה, על אוצרות חיים וז"ל - וכדי שיוכל לעלות לימודו למעלה, ריח ניחוח לה'. קודם כל לימוד ימסור עצמו על קדושת ה', כי זה מועיל מאוד, כמו שכתוב בשער הכוונות דף כ"ד ע"ב, כי עתה בזמנינו בעונותינו הרבים אין יכולת לעשות זווג כתיקונו למעלה, ולסיבה זו הקץ מתארך וכו'. אמנם עם כל זה יש קצת תיקון במה שנמסור נפשינו על קידוש ה' בכל הלב, כי על ידי כן אפילו אין בנו שום מעשים טובים, והרשענו עד להפליא. הנה על ידי מסירת נפשינו להריגה, מתכפרים עונותינו כולם, ויש בנו יכולת לעלות עד אימא עילאה, כמו שאמרו חז"ל - גדולה תשובה שמגעת עד כסא הכבוד, שנאמר - שובה ישראל עד ה' וכו', עד כאן דבריו.

וזה הסדר

יקבל עליו ארבע מיתות בית דין, מארבעה אותיות הוי"ה וארבעה אותיות אדנ"י, וליחדם על ידי ארבעה אותיות אהי"ה ועל ידי עסמ"ב

סקילה י **א** וליחדם על ידי **א**	יוד ה̇י ויו ה̇י
שרפה ה **ד** וליחדם על ידי ה	יוד ה̇י ואו ה̇י
הרג ו **נ̈** וליחדם על ידי י	יוד ה̇א ואו ה̇א
וחנק ה **י** וליחדם על ידי ה	יוד ה̇ה וו ה̇ה

לְשֵׁם יִחוּד
קֻדְשָׁא בְּרִיךְ הוּא וּשְׁכִינְתֵּהּ

יאהדונהי

בִּדְחִילוּ וּרְחִימוּ   וּרְחִימוּ וּדְחִילוּ

יאההויהה   איההיוהה

לְיַחֲדָא אוֹתִיּוֹת י"ה בּו"ה, בְּיִחוּדָא שְׁלִים

יהו"ה

בְּשֵׁם כָּל יִשְׂרָאֵל, לַאֲקָמָא שְׁכִינְתָּא מֵעַפְרָא, הֲרֵינִי לוֹמֵד בְּסֵפֶר קַבָּלָה פְּלוֹנִי שֶׁהוּא כְּנֶגֶד תִּפְאֶרֶת דּז"א בְּעוֹלָם הָאֲצִילוּת שֶׁבּוֹ שֵׁם מ"ה כְּזֶה יוֹ"ד הֵ"א וָא"ו הֵ"א לַעֲשׂוֹת מֶרְכָּבָה. וִיהִי רָצוֹן מִלְּפָנֶיךָ ה' אֱלֹהֵינוּ וֵאלֹהֵי אֲבוֹתֵינוּ שֶׁתְּזַכֵּךְ רוּחֵנוּ וּנְפָשֵׁינוּ שֶׁיְּהִי רְאוּיִים לְעוֹרֵר מַיִין תַּתָּאִין עַל יְדֵי קְרִיאַת סֵפֶר הַקַּבָּלָה הַזֹּאת. וִיהִי נֹעַם יְהֹוָה אֱלֹהֵינוּ עָלֵינוּ וּמַעֲשֵׂה יָדֵינוּ כּוֹנְנָה עָלֵינוּ וּמַעֲשֵׂה יָדֵינוּ כּוֹנְנֵהוּ.

בָּרוּךְ ה' לְעוֹלָם אָמֵן וְאָמֵן, נֶצַח, סֶלָה, וָעֶד.

שער ה' פרק ו'

הכלל העולה כי כ"ב אתוון הם רמ"ח איברים של הגוף וה' דמנצפ"ך הוא הדם ששורה בו הנפש שהם תגין ועיקר ישיבתה בלב. ורוח הוא נקודות וגם הם נקבות כנ"ל כי הם אור חוזר והטעמים הם הנשמה זכר. והל"ב נתיבות הוא כללות הגוף והנפש. וי' אמירן הם י"ס דרוח. והנה נקודות הם ט' לפי שכבר ידעת כי ז"א אינו רק ט"ס כמנין א"ח והמלכות אין בה נקודה כי היא בחינת נפש לבד לפי שכבר ידעת כי הזעיר אנפין אין לו רק ט"ס ובין כולם הוא אחד. ואמנם הטעמים צריכין לחלק לי' חלקים וכן האותיות אף על פי שהם כ"ב נחלקים לי' ספירות כי הכתר של רוח נקודות יש לה אות א' כלי שלה וכן בכל שאר י"ס דרוח כי כ"א יש לה אותיות ידועות שהוא הגוף וכלים שלהם ויש ספי' שיש לה אות א' ויש ספי' שיש לה ב' אותיות וכנזכר פ' אחרי דע"ח ע"ב וז"ל אר"ש לר"א ת"ח הנהו כ"ב אתוון כולהו מתפרשן בהנהו י' אמירן כו' וע"ש ושם נאמר כי הא אוליפנא לן כל אינון אתוון דרשימין וידעין בכל כתרא וכתרא ואנו לא זכינו בהן אמנם ממוצא דבר נוכל להבינם מס"י ומזוהר שיר השירים כמ"ש בע"ה.

והנה נאמר בס"י כי אמש הם באופן זה כי ג"ר הם ג' קום של ש' כי ראש נברא מאש וא' כוללת ג' אמצעיות חג"ת כי גוייה נבראת מרוח והם ח"ג ב' יודין דא'. ו' מן א' דא ת"ת באמצעיתא. כנזכר בס"ה בכמה מקומות. מ' פתוחה ביסוד בכללות ג"ת כי בטן נברא ממים כו' ואותיות בג"ד כפר"ת הם)בז' אותיות דג"ר כי הם(בז' נקבי הראש ב' אזן ימין חכמה. ג' אזן שמאל בינה. ד"כ עייניו נ"ה. פ' ר' חוטם ת"ת דעת. ת' פה מלכות. שבראש. י"ב פשוטים ה' בחסד ז' בגבורה)נ"א ו' בגבורה(ב' ידים. וכעד"ז כל הי"ב פשוטים בו"ק הגוף. ודע כי הרוח שהם י"ס אינם כסדר הכלים כי החסד של הרוח הוא בכלי הגבו' וגבורת הרוח הוא בכלי החסד וז"ס התכללות שמאלא בימינא וימינא בשמאלא הנזכר בזוהר ובתיקונים ע"ש וכן בפ' ויקרא דנ"ד ובסוף שיר השירים בסוד הנקודות בפ' יהי רקיע בתוך המים וזכור זה היטב. נמצא כי הם ב' בחי' א' ד' רוחות דרום צפון מזרח מערב. בחי' ב' היא ד' יסודות ארמ"ע והם בחי' רוח וגוף דרום חם ויבש ובו מים קרים לחים כן כולם ע"ז הסדר גם דע כיון שכללות ז"א אינו רק ו"ק בחי' גופא אלא שבבחי' רוח נשלם לי' לכן גם האותיות אינם רק בו"ק. לכן אות א' מתחיל בחסד כנזכר בתרומה דקנ"ט גם בזוהר שיר השירים גבי הביאני המלך חדריו באדרא תנינא וז"ל כ"ב אתוון מתפשטים ושריין לאתנהרא מרישא דנהורא קדמאה וכו' כי כבר ידעת כי רישא דמלכא בחו"ג אתתקן וכו' פ' משפטים דקכ"ב נמצא כי כל הכ"ב אתוון הם בי"ס ועצמותם אינם רק ו"ק נמצא כי האותיות הם נפש ואז זו"ן הם שמות אלהים לכן הם ד"ו פרצופים נדבקין יחד אלא שזה אחור וזה קדם אך בבא הויות שהם רוח והם סוד המוחין דז"א כידוע אז נגדל הז"א ואז נעשו בן י"ס גמורות אף בבחי' הכלים ואז ננסרת הנקבה ממנו ולקחה הדין של אלהים והזכר הויות ואז נקרא הוי"ה אלהים שמא שלים והבן ולכן ננסרת ממנו כי הויות דוחין אלהים וניתנין לנקבה ומה שאנו אומרים תמיד חיצוניות העולמות הם הכלים האלו

הגוף ונפש ופנימי' העולמות הם י"ס דרוח שהם מלגאו בארח)נ"א באורות(אצילות כנזכר
די"ז כי הנשמות של אדם באים מזה האדם דאצילות שם מ"ה מלגאו הנק' י"ס דרוח ומלאכים
מן החיצוניות שהם הגוף ונפש וזה הגוף של אלהים יורד לפעמים בבי"ע ושם מתקשטת
ומתלבשת באותן הלבושי' להתנאות בהם בפני בעלה לומר ראה גידולים שגדלתי ולהיות כי
אור הנקודות הם אור החוזר לכן עולה תמיד בסוד זרקא.

[דכ"ג ע"ד 46]

פֶּרֶק ו' מ"ת[16]

דרוש זה מקורו מספר קהילת יעקב וצריך לכתוב מ"ב בראש הדרוש.

הַכְּלָל הָעוֹלֶה ממה שהרב ז"ל ביאר פרק ה' דשער ה'[17] כִּי בחינת כ"ב אָתְוָון הֵם רמ"ז אֵיבָרִים שֶל הַגּוּף שהוא ז"א, ובחינת זֶּמֶשָׁה אותיות דְמַנצְפַּ"ך הכפולות[18] הוּא הַדָּם שֶׁשּׁוּרָה בּוֹ הַנֶּפֶש, שֶהֵם הַתַּגִּין[19] ר"ל שהנפש היא התגין, וְעִיקַר יְשִׁיבָתָה של הנפש בזמן השינה[20] בַּלֵב. ובחינת הרוּחַ הוּא נְקוּדוֹת מאבא[21] שהוא חכמה, וְגַם הנקודות הֵם נְקְבוֹת כְּנִזְכָּר לְעֵיל[22], כִּי[23] הֵם אוֹר חוֹזֵר מהם בסוד המ"ן, כמו שהרב ז"ל ביאר בפרק ה'. ובחינת

____

16

יש כאן טעות סופר, צריך לכתוב מ"ב.

17

כרם שלמה ש"ה פ"ו אות א' – הכלל העולה, עתה חוזר לכלול כל מה שאמר לעיל בפרק ה' בקיצור, והוא כי רמ"ח אברים, פירוש שהם העצמות של רמ"ח אברים, הם הם הכ"ב אתוון, שהם היסוד של הגוף, והם שורשים מטיפת החומר של החכמה. כי אביו מטיל בו הלובן, שהם העצמות, וחמשה אותיות מנצפ"ך הכפולים הם הדם המתפשט בשס"ה גידים, שזה הדם הוא הכלי של הנפש, ששורה שם הנפש, כי שם שריית התפשטות ענפיה, והם שורשם מטיפת החומר של אימא, כי אמו מטלת בו אודם, שהוא הדם. ומחלק הגס והעב של הדם נעשה הבשר גם כן, כמו שמפורש לקמן בדברי הרב ז"ל.

18

אותיות מנצפ"ך.

19

כרם שלמה ש"ה פ"ו אות א' – ומה שכתב שהם התגין חוזר על הנפש, ולא על הדם, ופשוט.

20

כרם שלמה ש"ה פ"ו אות א' – ומה שכתב ועיקר ישיבתה בלב, יש להקשות כמו שהקשינו לעיל בפ"ה, שהנפש עיקר ישיבתה בכבד, ואף אומר הרב ז"ל, וכן התיקונים, כד יתי רוחא לגבי ליבא דתמן נפשא, וכו'. משמע שהיא בלב, ודקדקנו מן התיקונים, וכן פירש ז"ל לעיל שמדבר בעת השינה, שמסתלק כוחה, ומקבצת בלב. נמצא שבעת השינה דוקא נאמר עליה שהיא בלב, ואיך אומר הרב ז"ל בכאן שעיקר ישיבתה בלב. וחיפוש אחר חיפוש מצאתי בהדרת מלך ז"ל בזהר ויקרא דע"ח ע"ב, שתמיד מנהגו להעתיק לשון הרב ז"ל במילה, ולא יחסיר וייתר כלום, אלא העתק לבד כל ענין בעינינו על הזוהר, ולא כמו מקדש מלך ז"ל שדרכו לפרש. ומצאתי שם העתק של לשון של הרב ז"ל של זה הפרק כך הוא – כלל העולה וכו', שבו שורה הנפש שהם התגין, **ובעת השינה ישיבתה בלב**, והרוח הם הנקודות וכו', וכו'. נמצא הגירסא של ספרינו טעות מדפיס, כי עיקר הגירסא כמו הדרת מלך ז"ל, שבעת השינה היא בלב, ולא עיקר ישיבתה בלב, ורוח צמאוני בזה.

21

כרם שלמה ש"ה פ"ו אות א' – ומה שכתב שהרוח הם נקודות, הוא כמו שכתב לעיל שהם מאבא, ששם הנקודות שורשם.

22

כרם שלמה ש"ה פ"ו אות א' – ומה שכתב וגם הם נקבות כנ"ל, פירוש והואיל והם אור חוזר, כמו שפירשנו לעיל שהוא אור שבא בעת שהכלים חוזרים, וכונתו אפילו שהם שורשם מאבא, על כל פנים הם בחינת קצת

הַטְּעָמִים[24] **הֵם הַנְּשָׁמָה** והם בכתר בסוגיה זאת[25], והם בחינת **זָכָר** בערך הרוח. וּבְחִינַת **הַל"ב**[26] **נְתִיבוֹת הוּא כְּלָלוּת הַגּוּף וְהַנֶּפֶשׁ** שהם כ"ב האותיות והתגין, והתגין הם הנפש המחיה את האותיות. וּבְחִינַת **עֵשֶׂר אֲמִירָן** המוזכרים במעשה בראשית **הֵם עֵשֶׂר סְפִירוֹת דְּרוּזֹ**, עד כאן החזרה הכללית של הפרק הקודם.

צָרִיךְ לָדַעַת כִּי המלכות שהיא הנוקבא אשת ז"א, נקראת[27] לפעמים אחותי, ולפעמים נקראת רעיתי, ולפעמים נקראת אמי. **עוֹד צָרִיךְ לָדַעַת כִּי** בפרק הקודם הרב ז"ל ביאר כי באופן כללי יש עשרה סוגי ניקוד, כנגד עשרה בספירות

דין. אבל הטעמים שהם נשמה, הואיל והם שורשם מכתר, הם זכר, ונקראים לגבי הנקודות נשמה, כי הואיל בהכתר כתיב ואין אלהי"ם עמדי, אין שם בחינת נקבה ניכרת, ולזה הוא זכר. וכבר פירשנו לעיל פרק ה' כונתו על הב"ן והמ"ה, וזה נקרא נפש, וזה נקרא רוח, יען שזה ממלכות דא"ק, וזה מז"א דא"ק, ונקראים מוחין דקטנות, ומוחין דגדלות. ומוחין דקטנות נקראים מוחין דאימא, ומוחין דגדלות נקראים מוחין דאבא. והמוחין שהם יותר עליונים ממוחין דגדלות נקראים מוחין דטעמים, או נשמה, כי אימא כתר על ברא, ולזה הטעמים הם נקראים נשמה. והטעם אפשר מפני ששורשם מהבינה דא"ק, שהוא עליון מן המ"ה, ודי בזה.
23

בֵּית לֶחֶם יְהוּדָה שׁ"ה פ"ו – כי הם אור חוזר, פירוש שחוזרים לעלות בסוד מ"ן, כמו שכתוב בסוף פרק ה' דלעיל, וכן בסוף פרקין, דידעין לזרקא להאי אבנא וכו'.
24

בֵּית לֶחֶם יְהוּדָה שׁ"ה פ"ו – והטעמים הנשמה זכר. מאי דקרי לטעמים בשם נשמה, אף על פי שהטעמים הם בכתר, שהוא יחידה. כבר כתבנו בפרק ה' דלעיל, ד"ה ורוחא איהו כללא דנקודין וכו', כי אם נעשה את החמש פרצופים בבחינת טנת"א, יהיו זו"ן אותיות בחינת גוף, ואימא תגין בחינת נפש, ואבא נקודות בחינת רוח, וא"א טעמים בחינת נשמה. אמנם אם נעשה את החמש פרצופים בבחינת נרנח"י, אז יהיו באופן אחר, כי זו"ן יהיו נפש ורוח, ואימא נשמה, ואבא חיה, וא"א יחידה.
25

תרשים ו – א.
26

כֶּרֶם שְׁלֹמֹה שׁ"ה פ"ו אוֹת א' – ומה שכתב והל"ב נתיבות הוא כללות הגוף והנפש, פירוש כל מקום שתמצא כתוב ל"ב נתיבות ועשר אמירן, פירושו הוא כך, הכ"ב אותיות שהוא הגוף, והעשר ספירות דנפש שהם עשרה אלהי"ם, שבין כולם הם ל"ב אלהי"ם, ועשר הווי"ת שהם העשר ספירות דרוח, שנקראים עשר אמירן. אבל שמזכיר ל"ב נתיבות פליאות חכמה, פירושו הוא על הכ"ב אתוון, ובכללם נכללים הנפש, ואין עולים בשם, כמו שכתב לעיל בפרק ה', והעשר ספירות דרוח שהם מחכמה שבין כולם נעשים ל"ב נתיבות פליאות חכמה.
27

שַׁעַר הַכַּוָּנוֹת, מִנְחָה שֶׁל שַׁבָּת – וזה סוד ושמרתם את השבת כי קדש היא, בלשון נקבה ולא הוא בלשון זכר, להורות כי עתה הנוקבא אשר היא עצמה עלתה באבא הנקרא קדש, וזהו כי קדש היא. וזה סוד מה שכתוב ז"ל - לא זז מחבבה עד שקראה בתי, **לא זז מחבבה עד שקראה אחותי**, לא זז מחבבה עד שקראה אמי, כמא דאתמאר בעטרה שעטרה לו אמו. והענין הוא כי בהיותה אצלו **שוים בקומתם נקראת אחותו**, וכשמזדווגת עמו נקראת אשתו, וכשעלה בג' תחתונות דאימא שהוא בתפלת מוסף בלחש, אז נקראת עטרת בעלה, ואז נקראת אמו. ועל דרך זה היא עולה כל קומת אימא עילאה בתפלת מוסף דחזרה. ואחר כך בתפלת מנחה דלחש ובקול רם כי היא עולה בחיק אביה, ואז נקראת היא קדש, וזה סוד הוי"ה בחכמה יסד ארץ, והבן זה.

שַׁעַר הַכַּוָּנוֹת, דְּרוּשֵׁי רֹאשׁ הַשָּׁנָה, דְּרוּשׁ א' – ונחזור לבאר ענין הנסירה, הנה אחר שנברא אדם הראשון והתפלל ועשה מצות, והיה כורת הקליפה, ולא היה יכולת להם להתאחז באותם האחוריים, אז בא ענין הנסירה. וענינה הוא כי כל אותם האחוריים והדינים שהיו בזכר כולם ננסרו ונתפרדו מן הזכר, וניתנו כולם באחוריים שלה, ועל ידי כך נתפרדה ונתרחקה ממנו, ואז הז"א נשאר כולו בבחינת חסד, והיא בבחינת דינין וגבורות שלה ושלו. ואמנם ענין נסירת ודחיית דינין אלו מאחורי ז"א, ליתנם באחוריים דנקבה, הוא נעשה על

18

דהחכמה, כאן הרב ז"ל מבאר כי לז"א יש תשעה סוגי ניקוד כנגד תשעה הספירות שלו[28], **וְהִנֵּה נְקוּדוֹת הֵם תִּשְׁעָה** סוגי ניקוד שהם, קמץ, פתח, צירי, סגול, שבא, חולם, חיריק, קובוץ, שורוק, **לְפִי שֶׁכְּבָר יָדַעְתָּ כִּי ז"א אֵינוֹ רַק** בעל **תִּשְׁעָה סְפִירוֹת**[29], **כְּמִנְיַן א"זֹ** אותיות של המילה אח"ד שבפסוק שמע ישראל[30], מפני שז"א והמלכות נקראים אח ואחות, כאשר ז"א רומז לאותיות א"ח, והמלכות רומזת לאות ד', אותיות

ידי החסד העליון של אימא עילאה. **וזה סוד פסוק ואיש כי יקח את אחותו כו', חסד הוא כו'**, כי בכח החסד **נבראו זו"ן**, **הנקראים איש ואחותו**, ואתפרשו גזעין מתתא לעילא, שהם האחוריים שלהם שנפרדו, ועל ידי כך לקחה לו לאשה, ונזדווגה עמו פנים בפנים.

מדרש רבה, פקודי פרשה נ"א – רבי שמעון בר יוחאי שאל את רבי אלעזר ברבי יוסי, אפשר ששמעת מאביך מהו בעטרה שעטרה לו אמו, אמר לו הן, משל למלך שהיתה לו בת יחידה, והיה מחבבה ביותר, מדאי **והיה קורא אותה בתי**, לא זז מחבבה עד **שקראה אחותי**, ועד **שקראה אמי**. כך הקדוש ברוך הוא בתחלה קרא לישראל בת, שנאמר שמעי בת וראי והטי אזנך ושכחי עמך ובית אביך. לא זז מחבבן עד שקראן אחותי, שנאמר פתחי לי אחותי רעיתי יונתי תמתי שראשי נמלא טל קווצותי רסיסי לילה. לא זז מחבבן עד שקראן אמי, שנאמר הקשיבו אלי עמי ולאמי אלי האזינו כי תורה מאתי תצא ומשפטי לאור עמים ארגיע. עמד רשב"י ונשקו על ראשו.

שיר השירים ד' ט' – לבבתני **אחתי כלה** לבבתני באחד מעיניך באחד ענק מצורניך.

שיר השירים ה' ב' - אני ישנה ולבי ער קול דודי דופק פתחי לי **אחתי רעיתי** יונתי תמתי שראשי נמלא טל קווצותי רסיסי לילה
28

תרשים ו – ב.
29

ז"א מלביש על הנה"י דא"א, כאשר כל אחד מהספירות דנה"י דא"א מתחלקת לג' פרקים. יוצא שחח"ן שז"א מלביש על נצח דא"א, בג"ה דז"א על הוד דא"א, ודת"י דז"א על יסוד דא"א.
תרשים ו – ג.

ע"ח שט"ז פ"ג דע"ט ע"ד – ואז יצא הז"א בסוד הלבוש אל נה"י דא"א, ונמצא כי עיקר הזווג זה הוא של א"א רק שהיו באמצעות או"א, הרי מבואר כי גם הנה"י של א"א עצמו היו ג' כלילין בג', בתוך החג"ת העליונים, ואז גם הז"א יצא על דרך זה גם כן ג' כליל בג', פירוש כי הלא הנה"י של א"א הם נשמה אל כל הט' של ז"א, כי הנצח הוא ג' פרקין של ג' ספירות דז"א, שהוא קו ימין חח"ן, וכן ההוד בקו שמאלי בג"ה, וכן היסוד בקו האמצעי דת"י.
30

ז"א הוא בעל ט' ספירות, לכן נקרא א"ח, רמז לט' ספירות דז"א, והנוקבא נקראת ד', דלה ועניה. בסוד דלת ראשך כארגמן.
תרשים ו – ד.

בסידורו הטהור של מרן הרש"ש יש את הכוונת אח"ד בקריאת שמע.
תרשים ו – ה.

גמרא שבת דק"ד ע"א – אל"ף בי"ת - אלף בינה, גימ"ל דל"ת - גמול דלים, מאי טעמא פשוטה כרעיה דגימ"ל לגבי דל"ת, שכן דרכו של גומל חסדים לרוץ אחר דלים, ומאי טעמא פשוטה כרעיה דדל"ת לגבי גימ"ל דלימציה ליה נפשיה, מאי טעמא מהדר אפיה דדל"ת מגימ"ל, דליתן ליה בצינעה, כי היכי דלא ליכסיף מיניה.

ע"ח ח"ב של"ט פ"ה דע"א ע"ד – ונבאר ענין ציורין אלו, שהנה נודע שאות ה' בציור ד"ו, מורה על בחינת הבינה, אשר היא מתעברת בבן זכר בתוכה, ובהיות הזכר בתוכה אינו רק בחינת ו"ק, לכן צורתה ד"ו, על ו', **גם הד' רומזת אל הנוקבא** אשר שם היא עמו, בבחינת עטרת בעלה, ששם הוא עולם הבא, אשר צדיקים יושבין ועטרותיהן בראשיהן, וזהו ד' על ו'.

ע"ח שי"ג פ"ג כלל ג' דס"ג ע"ג – והנה השערות רישא דא"א לבנות כעמר נקא, ושל ז"א שחורות, כמו שכתוב קווצותיו תלתלים שחורות כעורב. ושל נוקבא אדומים כארגמן, כמו שכתוב **ודלת ראשך**. וסימנו

א"ח הם בגימטריה תשע הרומזים לתשעה הספירות דז"א, והמלכות משלימה את ז"א לשיעור קומה שלם בין עשרה ספירות, בסוד ויקרא את שמם אדם[31], וספירת **הַמַּלְכוּת אֵין בָּהּ נְקֻדָה** פרטית, רק אחרי שהיא מקבלת

אש"ל "אדום "שחור "לבן מתתא לעילא, וזה סוד ויטע אש"ל בבאר שבע, כי על ידי המים מדת אברהם, צומחין שערות הנקרא אש"ל.

שער הכוונות, דרושי תפלת השחר, דרוש ב' – והנה בחינת לאה היא בבחינת הקשר דתפילין של ראש שבעולם האצילות, ויש לה פרצוף שלם מי' ספירות כנודע. ואמנם עתה אנו מעלים את רחל, שהוא אותה הנקודה של מלכות אשר עומדת בהיכל קודש קודשים דבריאה, ועולה עד לאה הנזכרת, שהיא סוד אות ד' דאחד, ונכללת עמה, **ומתחברת אז אותה הד' עם הז"א, שהוא סוד אח"ד, א"ח ד'** נעשין מ"ן אל או"א דאצילות.

שער הכוונות, דרושי ציצית, דרוש ג' – ובזה תבין גם כן מה שכתוב בזוהר בראשית דף י"ח ע"ב, הוי"ה אלהי"ו הוי"ה, גוונין סתימין דלא אתחזן ואתקשרן אל מקום אחד, יחודא חדא עילאה כו', יחודא עילאה שמע ישראל הוי"ה אלהינ"ו הוי"ה אחד, דא לקבל דא, יקוו המים, מדידו דקו ומשחתא כו', וענין זה ביארנוהו בסוד קריאת שמע פירוש שמע ישראל, כי אז נכנסין כל אלו המוחין בז"א במלת אחד, **כי הוא סוד א"ח ז"א, ד' נוקביה**, המקבלים אלו המוחין.

שער הכוונות, דרושי קריאת שמע, דרוש ה' – והתפארת הנקרא ישראל, מקבל עתה השפע משניהם, ואחר שהמלכות והתפארת קבלו השפע הנזכר במלת שמע ישראל כנזכר. אז עולים בסוד מ"ן, ואז מזדווגים או"א בסוד הדעת המזוווגם, וזה סוד הוי"ה אלהינ"ו הוי"ה, שהם או"א ודעת כנ"ל. ואחר אשר כבר נזדווגו או"א, אז אנו מורידים שפע ג' מוחין הנזכר אל התפארת, הנקרא א"ח דאחד, ואנו מכוונים שהג' מוחין הנזכרים נמשכין בסוד חב"ד אל ז"א, וחוזרים להיות בו גם כן ג' שמות האלו **בא"ח דאחד, שהוא הז"א. ובד' דאח"ד תכוין אל המלכות המתייחדת עם התפארת הנקרא א"ח**, ולכן ד' זו היא גדולה, להיות עתה למעלה במקום או"א בסוד מ"ן.

שער הכוונות, דרושי העמידה, דרוש ב', מלך עוזר ומושיע – ונמצא כי בנין המלכות אינו אלא בשם בוכ"ו, ולא בשם אהי"ה, וכמו שנתבאר אצלינו בשער השביעי בתיקון העבירות, בענין תיקון עון הנדר והשבועה, ושם נתבאר כי קו המדה שבו נעשה ז"א הוא שם אהי"ה, וקו המדה של נוקבא הוא בשם בוכ"ו, גימטריא ד"ל **בסוד המלכות**, הנקרא אורך היריעה האחת שלשים באמה, ורוחב ארבע באמה, כי זהו שיעור קו מדתה כנזכר שם, ועיין שם היטב ביאור ענין זה.

תקוני זוהר חדש דקכ"ג ע"א עם באור ותרגום – **ולא עוד** ולא זאת בלבד, **אלא מסטרא דעמודא דאמצעיתא אית לא שתוף וחיבור** אלא המלכות מצד העמוד האמצעי שהוא בחינת ז"א הנקרא תפארת, יש לה חבור ושתוף, **כגון דכר ונקובא** שהם כעין זכר ונקבה, **דאיהי** שהיא ר"ל המלכות נקראת אות ד', **ושיתופא דילה** והשותף שלה הוא ז"א הכולל תשעה ספירות פרטיות נקרא **א"ח, ותרוייהו אח"ד** ושניהם אחד.

שיר השירים ו' ז' – ראשך עליך ככרמל **ודלת ראשך כארגמן** מלך אסור ברהטים.

31

שלמות האדם היא כאשר הוא בעל אישה, כך גם שלמות ז"א היא המלכות המתחברת בו.

גמרא יבמות דס"ב ע"ב – אמר רבי תנחום, אמר רבי חנילאי, כל אדם שאין לו אישה שרוי בלא שמחה, בלא ברכה, בלא טובה. בלא שמחה, דכתיב - ושמחת אתה וביתך. בלא ברכה - להניח ברכה אל ביתך. בלא טובה, דכתיב - לא טוב להיות האדם לבדו. במערבא אמרי בלא תורה, בלא חומה. בלא תורה, דכתיב - האם אין עזרתי בי ותושיה נדחה ממני. בלא חומה, דכתיב - נקבה תסובב גבר. רבא בר עולא אמר, בלא שלום, דכתיב - וידעת כי שלום אהלך ופקדת נוך ולא תחטא.

זהר חדש, חקת דס"ב ע"א תרגום והסבר – **ועל דא אתערו חברייא** ועל זה התעוררו החברים לומר, **דכד בר נש נסיב איתתא** כי כאשר האדם נושא אשה, **אתדבק בשכינתא** הוא נדבק בשכינה, **דהא עד לא אנסיב** כי עד שהוא לא נשא אשה, **לא שריא עליה** השכינה לא שורה עליו, **דלית שכינתא שריא על אתרא פגימא** מפני שהשכינה לא שורה על מקום פגום, **וכד לא שריא עליה** וכאשר השכינה לא שורה על האדם בגלל שלא נשא אשה, **איהי אתמנעו מניה תריסר מתנן עילאין** אז נמנעים ממנו י"ב מתנות עליונות. **ועל דא אתערו חברייא** ועל זה התעוררו החברים, כי **כל השרוי בלא אשה, שרוי בלא טובה, כמה דאת אמר** כמו שנאמר -

שפע מז"א היא מנוקדת לפי סוג השפע[32] שהיא מקבלת, **כי** המלכות **היא בבחינת נפש לבד**[33] מפני שלמלכות אין ניקוד, והנקודות הם בחינת רוח, מזה יוצא שאין למלכות בחינת רוח, אלא נפש בלבד, **לפי שכבר ידעת כי הזעיר אנפין אין לו רק תשעה ספירות** והם אותיות א"ח דאחד, **ובין**[34] **כולם** ר"ל עם המלכות הרמוזה באות ד'[35] **הוא** עם המלכות נעשים **אזד**[36].

לא טוב היות האדם לבדו. בלא שמחה, דכתיב כמו שנאמר - ושמחת אתה וביתך. בלא ברכה, דכתיב כמו שכתוב להניח ברכה אל ביתך. בלא שלום, כמה דאת אמר כמו שנאמר - וידעת כי שלום אהלך. בלא עזרה, דכתיב כמו שכתוב - אעשה לו עזר כנגדו. בלא כפרה, דכתיב כמו שנאמר - וכפר בעדו ובעד ביתו. בלא תורה, כמה דאת אמר כמו שנאמר - האם אין עזרתי בי ותושיה נדחה ממני. בלא חכמה, כמה דאת אמר כמו שנאמר - חכמות נשים בנתה ביתה. בלא חיים כמה דאת אמר כמו שנאמר - ראה חיים עם האשה אשר אהבת. בלא רצון כמה דאת אמר כמו שנאמר - מצא אשה מצא טוב ויפק רצון מהוי"ה. בלא עושר כמה דאת אמר כמו שנאמר - בטח בה לב בעלה ושלל לא יחסר. בלא כבוד כמה דאת אמר כמו שנאמר - אשת חן תתמוך כבוד, בגין דהאי שהיא אשת חיל ירא"ת הוי"ה אקרי נקראת, כמה דאת אמר כמו שנאמר - יראת הוי"ה הטהורה. וכד אנסיב בר נש וכאשר האדם נשא אשה, כלהו תריסר תריעין אתפתחן כל הי"ב שערים נפתחים, ומשם נמשכים כל י"ב הברכות, לאוספא ברכאן על רישיה כדי להוסיף ברכות על ראשו, בגין דיתיב בסתרא דמטרוניתא לפי שהאדם הנשוי יושב בסתרה של המלכה, שהיא השכינה הקדושה, ואשתלים כגוונא דלעילא ונשלם בצורה העליונה, כמו זו"ן.
בראשית ה' ב' - זכר ונקבה בראם ויברך אתם ויקרא את שמם אדם ביום הבראם.
32

שער הכוונות, דרושי העמידה, דרוש ו' - בברכת אתה קדוש באים עתה בחינת הנשיקין, והוא כי עד עתה ז"א מתחיל להאיר בכל י' ספירות, כי אחר אשר כבר נעשו ונתקנו מחדש כל י' ספירות מן הנה"י דאימא, עדיין היא צריכה עתה לקבל הארה מן ז"א עצמו, מן הנה"י שלו, אל כל הי' ספירות שבה, כמבואר אצלנו בהרבה מקומות, כי הי' ספירות דנוקבא נעשין מן הנה"י דז"א. ולכן צריך לכוין להמשיך הארה מן הנה"י דז"א אל הי' ספירות שבה, באופן זה כי מפרק ראשון דנצח דז"א יכוין להאיר אל ספירת החכמה שבה, ואחר כך מפרק הראשון דהוד שבו אל ספירת בינה שבה. וכן על דרך זה עד תשלום נה"י, ותשלום הי' ספירות שבה. ונמצא כי ברכת אתה חונן וברכת השיבנו הם ב' מוחין חו"ב שלה, וז' ברכות שלאחריהן הם בחינת השבעה נשיקין היוצאין מפיו אל פיה, בסוד רוחא ברוחא, ונכנסין לתוך פיה, ומתקנין ז' ספירות תחתונות שלה. לפי שאלו הנשיקין הם עולים מתתא לעילא, מן ז' ספירות תחתונות שבו, אל פיו, ומשם יוצאין ונכנסין בפיה, ויורדין ומתקנין ז' ספירות תחתונות שבה, בסוד אור פנימי. ויש עוד ז' נשיקין אחרים והם נמשכין מן ראשו דז"א לתוך פיו, ויוצאין משם בסוד הבל פה, וניתן אליה, ונעשה בה בחינת אור מקיף אליה, להיותו אור עליון נמשך מרישא דז"א כנז'. וכנגד ז' נשיקין אלו נזכרו ז' תיבות בפסוק - ישקני מנשיקות פיהו כי טובים דודיך מיין. ופעם אחת שמעתי ממורי ז"ל כי י"ב נשיקין הם אלו, ולכן בברכה אחרונה של הי"ב ברכות אמצעיות שהוא אב הרחמן כו', נאמר בה שומע תפלת כל פה, לרמוז כי אלו הי"ב נשיקין הם באים מן פה העליון של ז"א. ונחזור עתה לבאר ענין י"ב אמצעיות, אתה חונן כנגד חכמה שבה כנז"ל, ושמעתי מזולתו ששמע ממורי ז"ל וז"ל אתה חונן כו', הוא בחכמה ודעת דרחל נוקבא דז"א, עד כאן. והנה כבר נודע מה שכתוב בתיקונים תיקון ע' דקכ"ח ע"א, כי כל ספירה וספירה יש בה הוי"ה אחת בניקוד ידוע, והם הוי"ה בכתר, והוי"ה בקמץ בחכמה, והוי"ה בצירי בבינה, לכן באומרך ברוך אתה הוי"ה חונן הדעת, תכוין בהוי"ה זו כולה בניקוד פתח, לפי שהיא בחכמה שבה כנזכר יַהֲוָ"ה, ואף על פי שאמרו שם בתיקונים דהוי"ה דמלכות אין בה שום ניקוד, **עם כל זה כאשר היא מקבלת הארה מבעלה, אז כל עשר ספירות מתנקדות על דרך הניקוד שבעשר ספירות שבו.**
33

הגהות וביאורים)ט(- נראה לי שהוא ד' שהוא ד' דאחד, והיינו א"ח ד' הוא אחד.
34

הרב ז"ל מבאר בסוגיה זאת כי גם הטעמים והאותיות מתחלקים לעשר ספירות[37] **ואמנם הֹטְעָמים** שהם שיעור

קומת הכתר **צְרִיכִן לֹזְזַלְק לֹעֶשֶֹרָה חֹלָקִים** כנגד עשרה הספירות הפרטיות דכתר, עם כל זאת הרב

ז"ל לא מבאר חלוקת הטעמים לעשר ספירות, **וְכֵן הָאוֹתִיוֹת** מתחלקות לעשרה ספירות, רק שההחלוקה היא לא

שווה בין הספירות, כלומר לא כל ספירה מקבלת מספר שווה של אותיות, **אַף עַל פִּי שֶׁהֵם כ"ב** אותיות,

הם **נֹזְלָקִים לֹעֶשֶֹרָה ספירות, כִּי**[38] **הֹכֵתֶר שֶֹל** הרוזז שהוא הכתר של הֹנֹקֹדוֹת והניקוד

של הכתר הוא קמץ[39], **יֵשֹ לה אוֹת אַזֹת**, והאות הזאת היא אות א', והיא **כֵלִי שֶֹלָה** ר"ל הכלי של

בית לחם יהודה ש"ה פ"ו – ובין כולם הם אחד. כי הז"א הוא א"ח והנוקבא דל"ת, וכללית שניהם הוא אחד.
35

אחת הסיבות שהמלכות נקראת ד' היא, כי בחינת המלכות עומדת מאחורי תנה"י דז"א, שהם ד' בספירות
התחתונות שלו, ותנה"י שז"א הם שמאירים בה.
תרשים ו – ו.
ע"ח ח"ב שמ"ו פ"א דק"ב ע"ב - וכבר נודע כי מתנה"י דז"א נתהוה אור ד' מוחין של הנקבה עליונה אשר
באצילות, וכל הי' ספירות שבה, ולעולם שיעור קומתה בד' ספירות תנה"י דז"א לבד, **כי לכך היא נקרא ד'
כנודע.**
כרם שלמה ש"ה פ"ו אות ב' – ר"ל אף על פי שאמרנו שהנקודות הם י' ספירות דרוח, משמע שהם י'
נקודות, על כן פירש הנקודות עצמם הם ט' מינים כנגד ט' ספירות דז"א מן כתר עד היסוד, דהיינו ט' הוי"ת
מנוקדות בכל ספירה וספירה מט' ספירות דז"א, יש הוי"ה אחת מנוקדת השונה מחברתה, וההוי"ה העשירית
היא בלי נקוד, והיא מתפשטת במלכות, ואף על פי שהז"א יש בו י' ספירות, על כל פנים הוא נחשב לט', מפני
שהמלכות שלו בגופו (היא שורש של המלכות העיקרית) היא נחשבת מכלל היסוד שלו, שהיא בעטרה של
היסוד שלו, והיא השורש של פרצוף מלכות העיקרית, ולזה נחשב הוא לט' ספירות דוקא כדי כשיתחבר עם
המלכות היא משילימתו לעשרה, ויהיו בין שניהם אחד, דהיינו הז"א שיש בו ט' ספירות הם רמוזים בא"ח
דמילת אחד דפסוק שמע ישראל, והמלכות היא רמוזה זה באות ד' דאחד, **יען היא מלבשת לד' ספירות דז"א
והיינו התנה"י שלו, ונשלם להיות אחד.**
36

גימטריא של **אחד** הוא י"ג, כמנין ט' ספירות דז"א עם אות ד' דמלכות.
תרשים ו – ז.
ע"ח ח"ב, אלו הכללים שעשה הרח"ו ז"ל בקטנותו דקי"ח ע"ג, כלל י"ט – ונפרש עתה ענין וא"ו ה"א,
אלו איך הם רמוזים לזו"ן בכל מקום, ושמור כלל זה. הנה נתבאר לעיל כי לעולם הז"א אינו רק ט' ספירות
כנודע, ונודע כי מדת המלכות היא י' ספירות שלימות, ובהצטרפות הנוקבא עמו יושלם הוא לי' ספירות
שלימות גמורות עמה, ואז יהיה עשרה עשרה הכף וכו'. אמנם הז"א אינו רק ט' ספירות לבד, ונודע כי מדת
המלכות נגד ד' ספירות תחתונות תנה"י דז"א, ומאלו ד' נמשכת לה גולגלתא ומוחין שבה, נמצא כי ד' ספירות
ראשונות שבמלכות יתיחסו אל ז"א, ולא נשאר למלכות רק ו' ספירות תחתונות שבה, כמנין ה"א. **וכשנצטרף
הד' ראשונות שבה, עם הט' ספירות שבו, כי שלו הם כנ"ל, יהיה גימטריא י"ג**, כמנין וא"ו. וזה טעם
היות ז"א נקרא וא"ו, והנוקבא ה"א.
37

כרם שלמה ש"ה פ"ו אות ג' – ואמנם הטעמים צריכים לחלק לעשרה חלקים, וכן האותיות וכו'. פירוש אף
על פי שהטעמים והאותיות הם כל אחד יותר מעשרה מינים, כי האותיות הם כ"ב, וכן הטעמים הם יותר
מעשרה, על כל פנים הם מתחלקים בעשרה ספירות, ולא יותר.
38

בית לחם יהודה ש"ה פ"ו – כי הכתר של רוח נקודות יש לה אות כלי שלה. לא מצינו בכל פרקין שיש
לכתר אות אחת בכלי שלה.
39

הכתר דרוח, **וכן בכל שאר עשרה ספירות** הפנימיות דרוזז, **כי כל אזזת** מפנימיות הספירות **יש לה אותיות ידועות, שהוא הגוף וכלים שלהם** ר"ל כל אחת ואחת מפנימיות הספירות יש כלי, והכלי בחינת אותיות. **ויש ספירה** מעשר הספירות דרוח **שיש לה אות אזזת** בלבד[41], **ויש ספירה שיש לה שתי אותיות** ויש ספירות עם יותר אותיות, כמו ספירת התפארת שהיא בעלת י"ב אותיות, **וכנזכר** בספר הזהר הקדוש **פרשת אזזרי דע"זז ע"ב**[42], **וז"ל אמר רבי שמעון לרבי אלעזר, תא זזזאי** בוא וראה **הנדזו כ"ב אתוון** אלו הכ"ב אותיות

כרם שלמה ש"ה פ"ו אות ג' – כי הכתר של רוח נקודות. פירוש הוי"ה של הכתר דנקודות שהוא קמץ, והוא הכתר של הרוח, יש לה כלי כל אחד שהם אותיות, והוא אות אחת, והוא א'. כמו שמפורש לקמן.
[40]

הספירות בסוגיה זאת הם האור המתלבש בכלי, והוא בחינת הרוחניות שבספירה. האותיות הם בחינת הכלים שהרוחניות מתלבשת בהם.
[41]

כרם שלמה ש"ה פ"ו אות ג' – כי יש ספירה שיש לה אות אחת, ויש שיש לה י"ב אותיות, כמו התפארת, ואלו האותיות הם הגוף שלהם.
[42]

זהר אחרי דע"ח ע"ב תרגום והסבר – **אמר רבי שמעון לרבי אלעזר** בנו, **תא חזי** בוא וראה, **הני עשרין ותרין אתוון דגליפין באורייתא** כי אלו הכ"ב אותיות החקוקות בתורה, **כלהו מתפרשן בהני עשר אמירן** כולם מתחלקים בעשרה מאמרות, כלומר בעשר הספירות דרוח, והם הכלים של העשר ספירות דרוח. **כל אמירה ואמירה מאלין עשר** וכל מאמר ומאמר מאלו העשר מאמרות, ר"ל כל ספירה וספירה מעשר ספירות דרוח, **דאינון כתרי מלכא** והם הכתרים של המלך, שהוא ז"א, **כלהו גליפין באתוון ידיען** כולם חקוקות באותיות ידועות, מפני שלכל ספירה וספירה יש את האותיות הפרטיות שלה, שהם הכלים לאותה ספירה, **בגיני כך** ובגלל שיש כלים ולבושים לאור הספירות דרוח, **שמא קדישא אתכסייא באתוון אחרנין** השם הקדוש שהוא שם הוי"ה ב"ה, והוא רוחניות הספירות מתלבש ומתכסה באותיות שהם הכלים, והם האותיות, **וכל אמירה אוזיף לאמירה עלאה מנה אתווי** וכל ספירה משאלת אותיות שהם הכלים לספירה שלמעלה ממנה, בסוד עלית פרקין. **בגין דאתכליל האי בהאי** כיון שהספירות התחתונות נכללות בעליונות. **ועל דא שמא קדישא גליפנא ליה באתוון אחרנין** על כן השם הקדוש הוי"ה ב"ה מבטאים אותו באותיות אחרות שהם שם אדנ"י, **בגין דאתכסיין** לפי ששם הוי"ה ושם אדנ"י מתכסים ומלבישים זה את זה **דא בדא** זה בזה, ר"ל ששם הוי"ה מלביש את שם אדנ"י, בשלוב זה יאהדונה"י, **ודא בדא** זה בזה, ר"ל ששם אדנ"י מלביש את שם הוי"ה, בשלוב זה אידהנוי"ה, **עד דמתקשרן כלהו כחדא** עד שמשתלבים ומתקשרים האותיות של ב' השמות כאחד. **ומאן דבעי למנדע צרופי שמהן קדישין** ומי שרוצה לדעת ולהבין את צרופי השמות הקדושים, **לנדע אינון אתווון דרשימין בכל כתרא וכתרא** ידע את אותם האותיות הרשומות והשייכות לכל כתר וכתר, ר"ל כל ספירה וספירה,מפני שהזהר קורא לספירות לפעמים בשם כתרים, **וכדין לנדע ויתקיים בכלא** ואז ידע ויתקיים ויבין את כל הספירות. **והא גליפנא לון בכל אינון אתווון דרשימין ויידיעין בכל כתרא וכתרא** והרי כך חקקתי וכתבתי את כל האותיות הרשומות וידועות השיכות לכל ספירה וספירה, **מספרא עלאה דשלמה** מתוך הספר הנעלה של המלך שלמה. **והכי סליק בידן** וכך עלתה בידינו לדעת את סוד האותיות השיכות לכל ספירה וספירה, **וחברייא גליפין לון** והחברים חקקו וכתבו אותם. **ושפיר הוא** ונכון ויפה הוא מה שהחברים כתבו את שמות האותיות של הספירות, **דהא כל כתרא וכתרא אוזיף לחבריה אתוי כמה דאוקימנא** כי כל ספירה וספירה משאלת לחברתה שלמעלה ממנה את האותיות שלה, בסוד עלית פרקין, כמו שהתבאר בתחילת המאמר. **ולזמנין דלא אצטריך אלא באתווי אינון דרשימין ביה** לפעמים אין הספירה צריכה לאותיות של ספירה אחרת, אלה רק לאותיות שלה, וזה בזמן גדלות מוחין. **וכלהו ידיעןלגבי חברייא** ושמות האותיות של כל ספירה וספירה ידועים לחברים, **והא אוקימנא לון** הרי ביארנו אותם.

החקוקות בתורה **כּוּלְּהוּ מִתְפָּרְשָׁן בְּהַנֵּהוּ עֶשֶׂר אֲמִירָן** כולם מתחלקות בעשרה מאמרות, שהם עשר הספירות דבחינת הרוח, **כו', וְעַיֵּין שָׁם. וְשָׁם** בהמשך המאמר של הזהר הקדוש בפרשת אחרי **נֶאֱמַר כִּי הָא** בכל ספירה וספירה **אוּלִיפְנָא** צ"ל גליפנא **כָּל אִינּוּן אַתְוָון דִּרְשִׁימִין וִידִיעִין בְּכָל כִּתְרָא**[43] **וְכִתְרָא** כל אותם אותיות הרשומות והידועות בכל ספירה וספירה. **וְאֲנַן לָא זָכִינוּ בְּהוֹן**[45] איך מתחלקים האותיות בספירות, מפני שהרב ז"ל לא קיבל מהאר"י הקדוש את שמות האותיות שבכל ספירה, **אָמְנָם מִמּוֹצָא דָּבָר נוּכַל לְהָבִין** מספר יצירה, ומספר הַזּוֹהַר חדש, חלק שִׁיר הַשִּׁירִים, כְּמוֹ שֶׁנְּבָאֵר בְּעֵ"ה.

הרב ז"ל מפרש משנה בספר יצירה עם שינוי הלשון[46], ומחלק את אותיות אמ"ש לעשר ספירות, **וְהִנֵּה נֶאֱמַר בְּסֵפֶר יְצִירָה**[48] **כִּי** אותיות[49] **אַמְ"שׁ** שהם **אֲמוֹת**, מלשון אימא, שהם נוטריקון של אויר, מים, אש הֵם

---

⁴³

כלל – הספירות נקראות לפעמים בספר הזהר הקדוש בשם כתרים, או כתר הוא כינוי לספירה.

⁴⁴

בית לחם יהודה ש"ה פ"ו – ואנו לא זכינו בהם. ומה שכתב כ"ד בפרק ו' דשער כ"ד דשצירוף כ"ז אותיות דאי"ק בכ"ר הם בג' כלים וי' ספירות, התם קאי על בחינת הצלם דז"א, ולא על הכלים של הי' ספירות שלו, אי נמי התם קאי על כל הג' כלים דעי"מ, והכא קאי על הכלים דעיבור. וכל זה הוא דוחק.

⁴⁵

כרם שלמה ש"ה פ"ו אות ג' – ורבינו מהרח"ו ז"ל אומר שאנו לא זכינו בהן, פרוש איך מתחלקין האותיות בעשר ספירות, איזה אות בספירה פלונית, ואיזה אות בספירה פלונית, אומנם ממוצא דבר נוכל להבינם, מספר יצירה, ומהזוהר שיר השירים כמו שנבאר ב"ה, והיעב"א.

⁴⁶

כרם שלמה ש"ה פ"ו אות ד' – והנה נאמר בספר יצירה כי אמ"ש הם באופן זה, כי ג"ר הם ג' קוין של **ש**, כי ראש נברא מאש, וכו'. אין הלשון שם בספר יצירה כמו שמביא אותו הרב ז"ל בכאן, כי כאן הרב ז"ל מביא הלשון ובתוכו מכניס פירושו, והלשון הצריך לעיניננו שם הוא בפרק ג' משנה ו' - שלש אמות אמ"ש, בנפש ראש, בטן, וגוייה. ראש נברא מאש, ובטן נברא ממים, וגוייה מרוח מכריע בינתים, עד כאן לשונו שם מה שצריך לעניננו.

⁴⁷

שמחת יום טוב, ח"ג, לבוש יום טוב. ש"ה פ"ו ד"א ע"ב – והנה נאמר בספר יצירה כי אמ"ש הם באופן זה. כי ג"ר הם ג' קוים של ש', כי ראש נברא מאש, א' כוללת ג' אמצעיות חג"ת, כי גוייה נבראת מרוח והם חסד גבורה ב' יודי"ן דא', ו' מן א' דא תפארת באמצעיתא, כנזכר בספר הזהר בכמה מקומות. מ' פתוחה ביסוד, בכללות ג' תחתונות, כי בטן נברא ממים עכ"ל. ולפי זה קשה למה הוצרכו שאר האותיות. ועיין בשער מ' סוף פרק י"ב, כי אלו אותיות אמ"ש נבראו מהם המוח, והלב, והכבד, והם איברים המקוריית, ואם כן מה שכתב רז"ל הג"ר נברא משי"ן הוא המוח, והחג"ת שנבראו מא' היא הלב, והנהי"ם שנבראו ממ' הם הכבד. ואלו הג"ר הוא השורש והמקור, ולא האברים. עוד בכאן סדרן הרב ז"ל בסדר **שא"מ**, ובשער מ' סדרן **אמ"ש**. ועיין בשער זה סוף פרק ז', שכל סדר בבחינה אחת זה בזכר, וזה בנקבה, וכל אחד יש בו ששה צירופים, עיין שם.

⁴⁸

ספר יצירה, פרק ג' משנה ו' – שלש אמות אמ"ש בנפש, רא"ש בט"ן וגוי"ה. ראש נברא מאש, בטן ממים, וגויה מרוח מכריע בנתיים.

⁴⁹

בְּאוֹפֶן זֶה, לפי פשט דברי רב ז"ל אותיות אמ"ש הם בכל שיעור קומה של עשרה ספירות, כאשר אות **ש'** היא בחב"ד, אות **א'** היא בחג"ת, ואות **מ'** היא בנה"י. בעומק דברי הרב ז"ל כל אותיות אמ"ש הם בחב"ד.[50] תחילה הרב ז"ל מבאר את בחינת אות **שי"ן**[51] דאמ"ש, **כִּי**[52] **גַּ"ר** שהם חכמה, בינה, דעת **הֵם גַּ' קַוִים שֶׁלּ**[53]**וֹ** אוֹת **עֵ**[54]**שׂ'** כאשר קו ימין של אות **ש'** הוא רומז לחכמה, שהוא קו החסד. קו שמאל קו בינה, והוא קו הדין. והקו האמצעי לדעת, הקו

כרם שלמה ש"ה פ"ו אות ד' – וכך הוא פירוש הדבר, ה**א'** של אמ"ש הוא אויר, וה**מ'** של אמ"ש הוא מים, וה**ש'** של אמ"ש הוא אש. והעשר ספירות הם מתחלקים על דרך זה, הכח"ב או חב"ד הם נקראים ראש. והחג"ת הם נקראים גוף או גויה. והנהי"מ הם נקראים ג' תחתונות, או בטן. אם כן נמצא מה שכתוב בספר יצירה שהראש נקרא מאש, פרוש שהג"ר שהם כח"ב הם רמוזים בה**ש'** של אמ"ש, שהוא מדת האש, והיינו הג' קוין של ה**ש'** הם רמוזים להג"ר, קו ימין, וקו שמאל, וקו אמצעי. וזה מה שכתב הרב ז"ל כאן כי הג"ר הם ג' קווין של **ש'**, פירוש שהחב"ד הם נרמזים בהג' קוין של **ש'**. ואם תגיד מה תלוי זה בזה, ונתן טעם לדבר ואמר כי ראש נברא מאש, והאש רמוז בה**ש'** של אמ"ש, ולזה הג"ר שהם ראש נרמזו בה**ש'** של אמ"ש.
50

לפי פשט דברי הרב ז"ל בפרקין, אות **ש'** היא בחב"ד של כל השיעור קומה, אות **א'** היא בחג"ת של כל שיעור הקומה, ואות **מ'** היא בנהי"ם דכל שיעור הקומה. אבל בעומק דברי קודשו של הרב ז"ל, אותיות אמ"ש הם בכל שיעור קומה של החב"ד, ר"ל אות **ש'** היא בחב"ד דחב"ד. אות **א'** היא בחג"ת דחב"ד. ואות **מ'** היא בנהי"ם דחב"ד. כמו שיתבאר בפרק ז' דשער זה.
תרשים ו – ח.

ע"ח ש"ה פ"ז דכ"ד ע"א – הנה נודע מן הכתוב לעיל, כי אמ"ש הם ג"ר, שהם יסודות אל ז"ת, ובג"ד כפר"ת הם ז"ת.
51

כרם שלמה ש"ה פ"ו אות ד' – אם כן נמצא מה שכתוב בספר יצירה שהראש נקרא מאש, פירוש שהג"ר שהם כח"ב הם רמוזים בה**ש'** של אמ"ש, שהוא מדת האש, והיינו הג' קוין של ה**ש'** הם רמוזים להג"ר, קו ימין, וקו שמאל, וקו אמצעי. וזה מה שכתב הרב ז"ל כאן כי הג"ר הם ג' קווין של **ש'**, פירוש שהחב"ד הם נרמזים בהג' קוין של **ש'**. ואם תגיד מה תלוי זה בזה, ונתן טעם לדבר ואמר כי ראש נברא מאש, והאש רמוז בה**ש'** של אמ"ש, ולזה הג"ר שהם ראש נרמזו בה**ש'** של אמ"ש.
52

הרב ז"ל מבאר את בחינת שמות האותיות של הספירות בשער כ"ד פ"ה, עם כל זאת בשער כ"ד מדובר על האותיות שהם בחינת צל"ם, ולא על האותיות שהם הכלים של הספירות.
תרשים ו – ט.

מרן הרש"ש סידר כוונות אלו בסידורו הטהור במספר מקומות, כמו בוידוי, ובי"ב הפרצופים דסליחות, ועוד.
תרשים ו – י.

ע"ח שכ"ד פ"ה מ"ק דקי"א ע"ג – ובזה תבין ענין ספר יצירה, כי הם י' ספירות, ובהן כ"ז אתוון. והנה הז"א אינו רק ט' ספירות, כי נוקבא היא ספירה אחת העשירית. והנה תמצא שכל בחינה מהם יש ג' ספירות שרשיות, והם בחינת **אמ"ש, מ'** קו ימין, **מים. ש'** קו שמאל, **אש. א'** קו אמצעי, **אויר.** ואלו הג' ספירות שרשיות נחלקות תחלה לט' ספירות בינוניות, ואחר כך ט' ספירות בינונית נחלקות לכ"ז ספירות פרטיות. הרי הם כ"ז, כמנין כ"ב אותיות התורה, עם חמשה אותיות מנצפ"ך, בדרך פרטי. אמנם הט' ספירות בינונית הם נגד אותיות הראשונים, שהם א"ב, ג"ד, ה"ו, ז"ח, ט', וזהו ב**מ'** דצלם. אחר כך על דרך זה הם ט' אותיות שניות, והם יכ"ל, מנ"ס, עפ"צ, בל"ק דצלם. והנה אחר כך על דרך זה הם ט"ס שלישיות, והם ק"ר, ש"ת, מנצפ"ך, ואלו הם ב**צ'** דצלם. והרי הם ג' בחינות, אמנם ספירות הפרטים הם כ"ז אותיות, כי גם בהם לבדם יש כמנין כ"ז אותיות התורה. הט' ספירות בינונית הם סוד א"ב דאי"ק, בכ"ר, וכו'. ר"ל א' בחינה ראשונה. י' שנייה. ק' השלישי. וכן על דרך זה בכל השאר.
53

הגהות וביאורים)י(– עיין לקמן סוף פרק ז', ובשער כ"ד סוף פרק ה'.
54

תרשים ו – י"א.

המכריע בין חסד לדין, והוא רחמים, **כי הראשׁ**[55] שהם חב"ד **נּבׁרא מאשׁ** שהוא חב"ד אחד מארבע היסודות ארמ"ע[56], שבהם שנברא העולם, ונברא[57] האדם התחתון, וכיון שעיקר הגיית וביטוי תיבת אש הוא אות **שׁ'** נרמזו כח"ב באות זאת.◆

55

בית לחם יהודה ש"ה פ"ו – כי הראש נברא מאש. לפי שיסוד האש הוא למעלה מן האויר הרומז לרוח. והרוח הוא למעלה מן המים.

56

בארבעה יסודות נברא העולם, והם נקראים ארמ"ע, אש, רוח, מים, עפר. שורש ארמ"ע הם אותיות הוי"ה. ארבע יסודות ארמ"ע רמוזים בספר תהילים פרק קמ"ח.

תרשים ו – י"ב.

ע"ח ח"ב שמ"ב פ"א שער דרושי אבי"ע דצ"ד ע"א – אמנם כל הי' גלגלי של הז' כוכבי לכת, וי"ב מזלות שמנו חכמי התכונה, כולה קבועים ברקיע ב' מתחת לעילא, כמו שכתוב ויתן אותן אלהי"ם ברקיע השמים, שהוא דמיון היסוד הנקרא כל, וכולל כולם בו. ותחתיו הוא וילון, מלכות דעשיה, שאינו משמש כלום, אלא נכנס שחרית ויוצא ערבית, כמארז"ל. ובתוך וילון זה הם ד' יסודות ארמ"ע, דהיינו אש, מים, עפר, רוח, והארץ וכל אשר בה, וכללות כל הז' רקיעים אלו העליונים, והארץ שבתוכה נקרא עולם העשיה, ששם נגמר החומר והכלים להתגשם, כמו שכתוב במקום אחר, כי התחלת הכלים הם מעולם הנקודים, שהם י' ספירות דאצילות, שהם מאניין וכלים, הנזכר ר"מ פרשת בא. וכאן בעולם עשיה נגמר מלאכת הכלים, והוא תכלית החומרים, שהוא קצה האחרון, ולכן פה נתגלו בחינת הקליפות לגמרי, ולכן נקרא זה עולם הקליפות, עם היות בתוכה עשר ספירות דעשיה דקדושה.

ע"ח ח"ב ש"ן פ"י דקי"ז ע"א – עולם הגלגלים הוא י' גלגלים, הנקרא שמים, וד' יסודות הנקרא ארץ, ויש לשניהן חומר וצורה, ר"ל גוף ונפש, וחומר של שניהן הוא פשוט לבדו ואינו מורכב מכולם יחד, אלא חומר כל יסוד או גלגל הוא פשוט לבדו, ושני חומרים הנזכר הנקראים חומר, הראשון ונקרא היולי, להיותו פשוט. וחומר הארץ נקרא תהו, כי אין ניכר בו ציור מה ענינו, עד שיורכב כמ"ש, ואחר שקנה הצורה שהוא הנפש, נקראים החומר והצורה יחד בשם בוהו. ואז נתהוו הד' יסודות ארמ"ע בחומר וצורה, ואז נקרא בוהו יחד שניהן, כי בהיות חומר הארץ לבד בלי צורה נקרא תהו כנ"ל, ולפי שחומר השמים הוא זך יותר, לא נקרא תהו כחומר הארץ. והרי בארנו בחינת העולם בעצמו כלול מהחומר פשוט, וצורה פשוטה, שהם הגלגלים הנקראים שמים, וכן גם כן הארץ שהוא ד' יסודות.

נהר שלום דכ"ה ע"א – הנה נודע כי כללות ארבע בחינות נרנ"ח כוללים כל הנמצאים, וכל אחד כלול ומורכב מכולם, כי הנרנ"ח דחיה היא בחינת החיה שבכל אחד מנרנ"ח. וכן הנרנ"ח דנשמה, הוא בחינת הנשמה שבכל אחד מנרנ"ח. וכן הרוח, הוא הרוח שבכולם. והנפש היא הנפש דכולם. **אבל היחידה היא כוללת כולם, בלי היכר.** וארבע בחינות אלו הם בחינת ארבע אותיות הוי"ה, והם בחינת חב"ם, והם בחינת אבי"ע, והם בחינת ארמ"ע, והם בחינת דצח"ם, **שבכללות ושבפרטות וכל בחינה נפרטת לאין קץ.** והנה משמרי טוב ורע של האופנים נתהוו חומרי ארבע יסודות ארמ"ע, ומהרכבתם יצאו כל הבריות שבעולם השפל, ונחלקים לארבע מיני דצח"ם, כי הדומם הוא הגרוע שבהם, כי הוא בערך העפר שבכולם, ויש בו נפש המרכבת. למעלה ממנו הצומח, כי הוא בערך המים שבכולם, ויש בו גם נפש הצומחת. למעלה ממנו החי, כי הוא בערך הרוח שבכולם, ויש בו נפש המרכבת ונפש הצומחת, ונפש החיונית. למעלה מכולם הוא המדבר, כי הוא בערך האש, ויש בו נפש המרכבת, ונפש הצומחת, ונפש החיונית, ונפש השכלית, שהיא בחיריית. וארבעה נפשות אלו הם כפולים, ארבע מסטרא דטוב, וארבע מסטרא דרע, וכללות כולם נקרא נפש הבהמיות. ועל ארבע דסטרא דרע רוכב יצר הרע, ועל ארבע מסטורא דטוב רוכב יצר הטוב. ועליהם מתלבש נפש דעשיה טוב ורע, כלולה מארבע יסודות העליונים, על דרך הנזכר לעיל. ועליהם רוח מיצירה, על דרך הנזכר. ועליהם נשמה מבריאה, על דרך הנזכר. ועליהם חיה מאצילות, על דרך הנזכר. וארבע נשמות הדצח"ם שבאדם ניזונים ומתגדלים מהדם הצח וזך הנמשך להם, שהוא נפשות הדצ"ח, והיותר עב שבו נהפך לבשר, וזה כשגובר יצר הטוב והוא מקריבו לכבד, ששם הנפש דעשיה, ואז הוא בריא ועושה רצון הוי"ה יתברך. ואם ח"ו גובר היצר הרע אז כולם נזונים מעכירות הדם, והוא מקריב עכירות והרע שבדם

האות השנייה שהרב ז"ל מבאר היא אות **א'** דאמ"ש, ו**אות א'** שבאותיות אמ"ש הרומזת לאויר, שהיא בחינת הרוח **כוללת** ג' ספירות **אמצעיות**, שהם **חג"ת** חסד, גבורה, תפארת, **כי גווייה**[58] שהיא עיקר הגוף **נבראת מרוח** שהוא בחינת אויר דאמ"ש, ו**הם** מתחלקים בצורה זאת, ספירת ה**חסד** וספירת ה**גבורה** **ב' יודי"ן ד**אות **א'** ר"ל אות א' בנויה מב' יודי"ן ואות ו' באמצע בצורה זאת יו"י[59], וב' היודי"ן רומזים לספירות חסד וגבורה הנמצאים בצדדי אות ו', כמו שספירות חסד וגבורה נמצאים בצדדי התפארת, ואות ו' **מן** אות **א' ד א**

אל הכבד, ומלכלך נפש דעשיה, ואז הוא חוטא ח"ו, וגורם חולאי הנפש והגוף. ועל כן צונו הא"ל יתברך להביא קרבן כלול מדצח"ם, לתקן ולהסיר העכירות שבדצח"ם שבאדם, כי המלח כנגד הדומם. וסולת, ושמן, ויין, כנגד הצומח. והבעל חי כמשמעו. והוידוי כנגד המדבר. וכונת הכהן כנגד נרנח"י הפנימיים, ואז נחית אש גבוה, ושורף ומכלה העכירות ההוא, ומנקה ומזכך נפשות דצח"ם שבאדם, כי הכל משורש אחד, ומתכפר לאדם.

עוד יוסף חי, לרי"ח הטוב פרשת ויגש סימן י' – מזמור הללויה הללו את ה' מן השמים, הנה כפי סידורים וספרי המקובלים שהם שגורי האר"י ז"ל, צריך לכוין בפשט הדברים כך, מן השמים (רמז לאצילות). הללהו במרומים (בריאה). הללוהו כל מלאכיו (יצירה). הללוהו כל צבאיו (עשיה). הללוהו שמש וירח (כללות עשיה ביצירה). הללהו כל כוכבי אור (כללות יצירה בבריאה). הללהו שמי השמים, והמים אשר מעל השמים (הכללות אצילות במאציל). יהללו את שם ה' (ההוא דסתום). הללו את ה' מן הארץ (**יסוד העפר**. אש וברד) **יסוד האש** (שלג וקיטור) **יסוד המים** (. רוח סערה) **יסוד הרוח** (. ההרים וכל גבעות) **יסוד הדומם** (. עץ פרי וכל ארזים) **יסוד הצומח** (. החיה וכל בהמה) **יסוד חי בלתי מדבר** (. מלכי ארץ וכל לאומים, שרים וכל שופטי ארץ) **יסוד האדם המדבר** (. ועיין בסידור עולת התמיד, עיין מנחת אהרן כלל י"ב אות ט'.
57

זוהר וארא דכ"ג ע"ב עם תרגום וביאור – **דהא כד אתברי אדם** כי כאשר נברא האדם הראשון, גופו נברא ונתקן **מעפרא דמקדשא דלתתא אתתקן** מעפר בית המקדש התחתון נתקן, **וארבע סטרי דעלמא אתחברו בההוא אתר דאקרי בי מקדשא** וארבע רוחות העולם שהם סוד הכלים דחסד גבורה תפארת מלכות נתחברו באותו מקום הנקרא בית המקדש, **ואינון ארבע סטרין דעלמא** ואלו ארבעה רוחות העולם שהם הכלים דחג"ת מ, **אתחברו בארבע סטרין** יתחברו בארבעה יסודות ארמ"ע, כי אש הוא סוד הגבורה, מים סוד החסד, רוח סוד התפארת, ועפר סוד המלכות, **דאינון יסודין דעלמא תתאה** שהם האורות הפנימים דחג"ת מ, והם **אש ורוח מים ועפר, ואתחברו ארבע סטרין אלין, בארבע יסודין דעלמא** והתחברו אלו ארבעה רוחות עם ארבעה יסודות העולם, דהיינו הכלים דחג"ת מ יתחברו עם האורות הפנימים שלהם שהם ארמ"ע, **ואתקין מנייהו קודשא בריך הוא חד גופא בתקונא עלאה** והתקין הקדוש ברוך הוא גוף אחד בתיקון עליון, **והאי גופא אתחבר מתרין עלמין** והגוף הזה נתחבר משני עולמות, **מעלמא דא תתאה ומעלמא דלעילא** מהעולם הזה התחתון ומהעולם העליון.
58

כרם שלמה ש"ה פ"ו אות ד' – ומה שכתוב עוד בספר יצירה והגויה רוח, פירוש החג"ת שהם עיקר הגוף, ונקרא גם כן גויה, נברא מהאויר שהוא רוח, והרוח שהוא האויר הוא רמוז בא' של אמ"ש. והחג"ת הם רמוזים בהא' באופן זה, הב' יודי"ן של הא' הם רומזים לב' זרועות, לחסד גבורה, ימין ושמאל, והו' שבינתים הוא רומז לתפארת, שהוא ממוצע בין חסד וגבורה. וזה מה שכתב הרב ז"ל כאן, והא' כללות ג' אמצעיות חג"ת, פירוש הא' של אמ"ש בה רמוזים החג"ת, שהם ג' ספירות אמצעיות, כי החב"ד הם ג"ר, והחג"ת הם ג' אמצעיות, ואם תגיד מה תלוי זה בזה, החג"ת בהא', ונתן טעם לדבר ואמר כי הגויה שהם חג"ת, נבראת מהרוח, שהוא האויר, והוא רמוז בא' של אמ"ש, שהוא אויר, והם חסד גבורה, ב' יודי"ן דא'. פירוש החסד והגבורה הם רומזים לב' יודי"ן דא', ו' מן א' דא באמצעיתא, ופשוט.
59

תרשים ו – י"ג.

27

היא **תפארת באמצעיתא** הכוללת ומרכזת את כל הו"ק[60]. **כנזכר בספר הזהר בכמה מקומות.**

האות השלישית שהרב ז"ל מבאר היא אות מ' דאמ"ש, ואות **מ' פתוחה** מאותיות אמ"ש, הרומזת ליסוד המים, היא רמוזה **בספירת היסוד**, אשר **בכללות** הם ג' הספירות **התחתונות** שהם נה"י, **כי[61] בטן** שהיא בחינת היסוד[62] הכולל את נצח והוד, והנה"י כוללים גם את שליש תחתון דתפארת הנקרא בטן, לכן כתוב בספר יצירה שהבטן **נברא במים, כו'. ואותיות[63] בג"ד כפר"ת** שהם אותיות[64] כפולות, להבדיל מאותיות

60

ע"ח שכ"ב פ"ג מ"ק דק"ה ע"ב – וכבר ידעת איך המלכות היה אחורי ז"א, נגד נה"י, והה"ג שלה הם בדעת שלה, כנגד היסוד דז"א. ונמצא שהס' גבורים אלו הם נגד מטתו של שלמה, והם מגבורי ישראל שהוא ז"א, הנקרא ישראל ולא יעקב, והם גבורים מסטרא דדכורא, ולא מסטרא דנוקבא, ומשם שומרים מטת שלמה שהיא הנוקבא, ומאירין בה, **אמנם כל ו'"ק הם מציאות אחת כי הכל נקרא גופא.**

61

כרם שלמה ש"ה פ'"ו אות ד' – ומה שכתב עוד בספר יצירה ובטן נברא ממים, פרוש הנה"י שנקראים בטן, יען שהנה"י שהם ב' רגלים והיסוד, הם שורשם נכנסים בהבטן, ומשרשים שם, ולזה נקראים כולם על שם הבטן. ועוד שהיסוד עצמו נקרא בטן ורחם, כמו שאמר הכתוב כל פטר רחם, ונצח הוד בכללו הם, כי הוא כלול מהם ויונק מהם כנראה. ולזה נרמזו הנה"י כולם בהמ' הפתוחה, כי כמו שהמ' היא פתוחה בצדה התחתון דוקא, ופתח קטן, כך היסוד הוא כך שהוא סתום מעל צדדיו, ופתוח מצדו התחתון בנקב קטן. ועוד שהבטן היא עגולה כמו אות המ', ולא מרובעת כמו הם' סתומה. אם כן נמצא שהנה"י הם רמוזים בהמ' הפתוחה, ואף על פי שהמ' הפתוחה היא רומזת ליסוד לבד, על כל פנים היסוד בכללו גם כן הג' תחתונות כולם, והטעם כמו שכתבנו לעיל. וזהו מה שכתב כאן הרב ז"ל מ' פתוחה ביסוד בכללות ג' תחתונות. ואם תגיד מה זה תלוי בזה, דהיינו הנה"י בהמ', לזה אמר כי בטן נברא ממים, פירוש שהבטן שהם הנה"י שהפרקין עילאין מושרשין בהבטן, ולזה נקרא בטן מברא ממים, הוא רמוז בהמ' של אמ"ש, ר"ת מים.

62

היסוד נקרא לפעמים בדברי הרב ז"ל **בטן**, ומבשרי אחזה אלו"ה כי כאשר ילחץ האדם על הטבור שלו, היסוד יכאב לו. גם חלק מהשלישי העליון של הנצח והוד מחוברים לבטן, ולא מתחילים בסוף הבטן, כנראה בחוש בגוף האדם, וזה הסוד מדוע מציירים את נצח והוד מעל היסוד, ולא מתחתיו. ואות **מ' דאמ"ש** רומזת לנה"י.
תרשים – י"ד.
ע"ח שי"ט פ"ד מ"ב דצ"ב ע"א – והנה בבטן בינה שהוא יסוד שלה שם עלו האורות.
אמת ליעקב, מערכת עי"ן סימן ס"ג דע"ב ע"ב – עיבור, מקום עיבור דז"א היה בבינה דתבונה, ובבטן דבינה, שהוא יסוד בינה עילאה. והנה בבטן בינה שהוא יסוד שלה, שם עלו האורות, ובבינה דתבונה שם עלו הניצוצין, וביסוד דתבונה שם עלו הכלים דג' בחינות אנ"ך נכנסו כעיל. שער אנ"ך פרק ד'.
כלל – בטן הוא לפעמים כינוי ליסוד.

63

בית לחם יהודה ש"ה פ'"ו – ואותיות בג"ד כפר"ת הם שבעה אותיות דג"ר. כך צריך לגרוס, ואות ב' דתיבת בשבעה נמחק.

64

אותיות בג"ד כפר"ת נקראים בלשון ספר יצירה **שבע כפולות בג"ד כפר"ת,** והכוונה היא שיש בבחינת אותיות בג"ד כפר"ת הבאות עם דגש, המורה על בחינת הגבורה, ויש אותיות הבאות ברפה, והוא מורה על בחינת החסד. ז' בחינות אלו הם יסוד לז' בחינות הנקראים חיים, שלום, חכמה, עושר, חן, זרע, ממשלה. ואלו בחינת החסדים בז"ת. וכנגדם יש ז' בחינות הנקראים מות, מלחמה, אולת, עוני, כיעור, שממה, עבדות, והם בחינת הגבורות שבז"ת, כמו שמסדר אותם הגר"א בפרושו לספר יצירה.
תרשים ו – ט"ו

מנצפ"ך הנקראים גם כן כפולות[65]. כאשר אותיות בג"ד כפר"ת הם לפעמים נקראות עם דגש, המורה על בחינת גבורה, ולפעמים האותיות הם נקראות ברפה, והם בחינת חסד **הם** שבעה אותיות הפרטיות דג"ר, כאשר האות **ש'** היא האות הכללית דג"ר (**בז' אותיות דג"ר כי הם**), [דכ"ד ע"א 47] ואותיות בג"ד כפר"ת חקוקות **בֹשֹבֹעֹה**

ספר יצירה פרק ד' משנה א' – שבע כפולות בג"ד כפר"ת (מתנהגות בשתי לשונות), יסודן חיים, שלום, חכמה, עושר, חן, זרע, ממשלה. מתנהגות בשתי לשונות ב"ב, ג"ג, ד"ד, כ"כ, פ"פ, ר"ר, ת"ת, תבנית רך וקשה, גבור וחלש, כפולות שהם תמורות. תמורת חיים מות, תמורת שלום מלחמה (רע), תמורת חכמה אולת, תמורת עושר עוני, תמורת חן כיעור, תמורת זרע שממה, תמורת ממשלה עבדות.

כרם שלמה ש"ה פ"ו אות ה' – והבג"ד כפר"ת הם נקראים שבע כפולות, יען שהם משמשים לב' לשונות, **דגש ורפה**. אם כן נמצא שהם כפולות, בג"ד כפר"ת, ובג"ד כפר"ת קשה. וזה לשון פרק ד' משנה א' - שבע כפולות בג"ד כפרת יסודן חיים, ושלום, וחכמה, ועושר, וחן, וזרע, וממשלה, מתנהגות בשתי לשונות שהן כפול של תמורות, ב"ב, ג"ג, ד"ד, כ"כ, פ"פ, ר"ר, ת"ת, תבנית רך, וקשה, גבור, וחלש, והן תמורות חכמה אולת וכו', וכו'.

פרוש הגר"א לספר היצירה על המשנה הזאת – שבע וכו', יסודן וכו'. כסדר ז"ת, חכמה בחסד, כמו שכתוב חכמה שריא בחסד נחית בימינא וכו'. ועושר בגבורה, כמו שכתוב מצפון זהב יאתה כו', והוא מסטרא דבינה, ברכת ה' היא תעשיר [נ"ל בסוד ורב תבואות בכח שור, שור דמרכבה] כידוע. וזרע בתפארת, כמו שכתוב ואנכי כו' זרע אמת, זרע יעקב. וחיים בנצח, כמו שכתוב נעימות בימינך נצח דאתקשר בימין, וכתיב אורך ימים בימינה, ונאמר חכמה תחיה בעליה. וממשלה בהוד, שהיא בשמאל ששם העושר וכתיב בשמאלה עושר וכבוד, וכבוד הוא ממשלה, וכן כתיב עשיר ברשים ימשול, ונאמר ונתן עליו הוד מלכות. ושלום ביסוד כידוע, וכך היא ברכה אחרונה שבתפילה. וחן במלכות, כמו שכתוב ותהיא אסתר נושאת חן וכו'.
65

רב פעלים ח"ב אורח חיים, שאלה כ"ה (שאלה שלישית) – גם ילמדנו על מה שכתוב בספר יצירה שקורא לאותיות בג"ד כפר"ת שבע כפולות, ובכל ספרים קורין לאותיות מנצפ"ך אותיות כפולות. גם ילמדנו אם יש הפרש במבטא בין שב"א וציר"א וסגו"ל, וכן נמי בן פת"ח וקמ"ץ, ועל הכל יבא דברו הטוב ושכרו כפול מן השמים. **תשובה** – ומה ששאלתם על מה שכתוב בספר יצירה, בג"ד כפר"ת שבע כפולות, ובספרי הקודש קורין לאותיות מנצפ"ך אותיות כפולות. הנה כפולות דמנצפ"ך הוא ענין אחד, וכפולות דבג"ד כפר"ת הוא ענין אחד. דאותיות מנצפ"ך כפולים בתמונתם, אך כפולות הנזכר בספר יצירה על בג"ד כפר"ת קאי על המבטא שלהם, דיש בג"ד כפר"ת מבטא שלהם בדג"ש, ויש מבטא שלהם ברפ"ה. ובימי חכמי התלמוד היו בקיאין במבטא הרי"ש הרך והחזק, כלומר רפה ודגש. ואחר זמן אבד זה המבטא באות רי"ש בין דגש לרפה. וזה שכתוב בספר יצירה בג"ד כפר"ת הם כפולות, כלומר יש חלוק בהם בין דגש לרפה, ויש להם ב' מבטאות, אחד בדגש, ואחד ברפה. ואחר זמן אבד זה השינוי שיש באות רי"ש מן דגש לרפה, ולכן ספרי המדקדקים הראשונים לא זכרו אלא בג"ד כפ"ת, ולא מנו אות ר' עמהם, כי נשכח משפט אות רי"ש בימיהם. ואחר זמן עוד נאבדו שתי המבטאות דגש ורפה גם מן אות בי"ת בכמה גלילות ישראל, וכן הוא בעירנו גם כן, ורק פה עירנו יודעין לעשות ב' מבטאות דגש ורפה באות גימ"ל, וכ"ף, ופ"ה, ותי"ו. אבל באות דל"ת נוהגים לקרותו ברפ"ה, כאשר מזכירים שם אדנ"י במקום שם הוי"ה, שמוצאים מבטא אות ד' קרוב למבטא אות זי"ן. **והנה** המדפיסים ספרי הקודש אשורית, נזהרים להניח סימן לאות אשר מבטא שלו דגש נקודה אחת בתוך האות, ולרפה אין מניחים סימן זה, ובכך ניכר שהוא מן הרפה, ובכתיבה שלנו הקרובה לאותיות רש"י נוהגים להניח על אות הרפוי קו מושכב כזה – . והנה פרטי הכללים של אותיות בג"ד כפ"ת, וכן כללי הדגש והרפה המה רבים, ומפורשים היטב בספרי הדקדוק, שאו עיניכם וראו שמה. **ומה ששאלתם** אם יש הפרש בין שב"א, וציר"י, וסגו"ל. ובין קמ"ץ ופת"ח. הנה בודאי יש הפרש בין כל אחד ואחד, אך בעוונותנו הרבים גם דבר זה נתקלקל בדורות האחרונים, ויש מקומות שעושים שינוי, אך חלוקים זה מזה. ועיין למהר"ם די לינאנו בספר שתי ידות, בפרק שקראו הלכות שב"א עיין שם. והגאון יעב"ץ ז"ל כתב על האשכנזים בזה הלשון – ובזה משוגתינו אתנו חטאת קבועה שאין אנחנו מבדילים בין צר"י לשו"א, עד כאן. ופה עירנו בג'דאד בעוונותנו הרבים אין להם ידיעה מכל זה, ואין מלומדים להפריש בין שו"א, וציר"י, וסגו"ל. ובין פת"ח וקמ"ץ. הן הילדים לומדי המקרא, הן בעלי בתים, והמון העם, הן החזנים בקריאת ספר תורה. והשי"ת ברחמיו יעזרנו על דבר כבוד שמו, ותחזור עטרה ליושנה, והוא יתברך יאיר עינינו באור תורתו, אכי"ר.

נקבי הראש[66], אות **ב'**[67] ב**אזן ימין**[68] והיא ספירת **חכמה** דראש. אות **ג'** ב**אזן שמאל** והיא ספירת **בינה** דראש. אותיות **ד'** ו**כ'** הם ב**עיינין** והם ספירות **נצח הוד** דראש[69]. אותיות **פ'** ו**ר'** הם ב'

66

סדר חלוקת אותיות בג"ד כפר"ת והספירות שבראש בסוגיה זאת הוא לא כמו שהרב ז"ל מבאר בסוגית התלבשות ז"ת דעתיק בשבעה תיקוני גולגולתא דא"א, אשר חלוקות ז"ת דעתיק יומין ברישא דא"א היא באופן שונה. ולא כמו הנוסח בספר קהילת יעקב, שדרוש זה נחצב מממנו, כאשר בספר קהילת יעקב מוזכרים ז' נקבי הראש, אבל רק מוזכרים ספירות חכמה, בינה, דעת, ומלכות. דעת הבל"י בחינת האוזנים הם ישסו"ת. בדרוש זה הרב ז"ל מבאר כי אוזן ימין היא בחינת חכמה, אוזן שמאל בחינת בינה, העינים הם נצח והוד, ב' נקבי החוטם הם תפארת ודעת, והפה הוא בחינת מלכות. זאת ועוד הרב לא מזכיר כאן את ספירות חסד, גבורה, ויסוד.
תרשים ו – ט"ז.
בסוגית התלבשות ז"ת דעתיק בשבעה תיקוני גולגולתא, מבאר הרב ז"ל בחינת הגולגולת היא חסד. מוחא סיתמאה גבורה. קרומא דאוירא תפארת. עמר נקא, שהם הסערות החופפים על האוזנים הם הפרקים העליונים של נצח והוד. הפרקים התחתונים דנצח והם הם בחינת העינים. רעוא דרעוין, שהוא היסוד במצח. והחוטם מלכות.
תרשים ו – י"ז.
בספר קהילת יעקב מוזכרים רק הג"ר שהם חב"ד, וספירת המלכות, כאשר חכמה ובינה, הם ב' האזנים, דעת חוטם, פה מלכות. גם כאן אין זכר לספירות חסד, גבורה, תפארת, נצח, הוד, יסוד. **אולי אפשר לתרץ** כאן בספר קהילת יעקב כי ב' באוזנים הם חו"ב עילאין שהם או"א עילאין. ב' העינים הם חו"ב תתאין, שהם בחינת ישסו"ת. כמו שמובא בחלוקת ז' תיקוני גולגולתא שבחינות נצח והוד מתחלקות לאוזנים ולעינים, כאשר הפרקים העליונים דנצח והוד הם האוזנים, והפרקים האמצעיים הנקראים ירכים, הם בחינת העינים. החוטם הוא בחינת הדעת, והוא בחינת החסדים והגבורות, שהם בחינת זו"ן, והם הם תפארת ומלכות. והיסוד נכלל בדעת, כי היסוד העליון מתלבש בדעת התחתון, וגם בסוד אין קישוי אלא לדעת. הפה בחינת המלכות, שהיא המלכויות דכל ספירה וספירה.
תרשים ו – י"ח.
ע"ח שי"ד פ"ו מ"ק דס"ג ע"ד – אמנם מציאת ז' תקוני גולגלתא דא"א הנזכר בספרא דצניעותא הם כך. גלגלתא א', טלא דבדולחא ב', קרומא אוירא ג', עמר נקא ד', רעוא דרעוין ה', פקיחא עלאה ו', תרין נוקבין דפרדשקא והוא חוטמא ז'. והנה כבר נתבאר במקום אחר כי סוד ההוא רדל"א מתלבש בא"א, וכל דבר שהוא גבוה מחבירו מתלבש בחבירו, להאיר בו ולהחיותו. והנה דע כי סוד ההוא רדל"א הוא מתלבש בכתר וחכמה דא"א, שהוא כללות הב' רישין כנ"ל, ותחלה נבאר איך הוא מתפשט בב' רישין אלו. ואמנם כבר ידעת כי לעולם כשהגבוה מחבירו מתלבש בתחתון כנ"ל, הנה אין כח בתחתון לסבול אורו רק מז"ת שבו לבד, כי ז"ת דרדל"א שהם מחסד עד מלכות שבו הם, מתלבשין בב' רישין תתאין דא"א, ומאירין בו. כיצד, דע כי **חסד שברישא עלאה** הוא מתפשט ומאיר בגלגלתא, **וגבורה במוחא**, כי אלו הם סוד הב' רישין תתאין כנ"ל, ובזה תבין איך הכתר רחמים גמורים, אך החכמה יש בה דינים, רק שהם נכפין במקום הזה, ואתכפיין תמן. וזהו מה שכתב החייט בספר מנחת יהודה כי חכמה הוא, דין והבן זה מאד. וזהו מאמר הזוהר קכ"ח - מוחא דשקיט ויתיב ושכיך כחמר טב על דורדייא, כי הוא סוד יין על שמריו, רק שם נכפין כאן. **והתפארת הוא מתלבש בהאי קרומא דאוירא** , שהוא תיקון הג', שהוא סוד רקיע המבדיל בין מים למים, והוא נתון בין גלגלתא ומוחא, שהם חסד גבורה, והקרום בנתים, והוא סוד תפארת המבדיל בין חסד גבורה, ומכריע בנתים. **ונצח הוד** יש בהם ב' בחינות, אחד הוא סוד היותן סתומים, שהם סוד תרין ביעין דדכורא, **והרמז להם הם ב' אזנים דעתיקא**, ולהיותן ב' ביעי שהם סתומים, לכן לא נזכר אזנים כלל בעתיקא, לא באדרא רבה ולא באדרא זוטא, ולהיות שלעולם נצח נכלל בחסד, והוד בגבורה, לכן נצח הוד אלו רמוזים בגלגלתא ומוחא וטמירי תמן, ולהיות שלעולם נצח הוד הם סוד הדינין כולם, כנזכר פרשת צו, בסוד וערבי נחל, ולכן מתפשטין מהם השערות, שהם סוד הדינין כנודע, ולכן סודם הם אור חוזר הוא ממטה למעלה, כי יוצאין מנצח הוד ולמעלה על הגלגלתא, ומשם יוצאין. ולהיות ששרשם מן האזנים שהם נצח הוד לכן צריך לבער שערי מעל אודנין, והבן זה כדי שלא

נקבי **הַזּוֹטָ֫ם** והם ספירות **תִּפְאֶרֶת**[70] **דֵּעַ֫ת** דראש. אות **ת'** היא בַּ**פֶּ֫ה** והיא ספירת ה**מַּלְכוּת**
שֶׁבָּרֹא֫שׁ.

אחרי שהרב ז"ל ביאר כי אותיות אמ"ש הם אותיות הכוללים את כל שיעור קומה, כאשר אות **ש'** היא בכח"ב, ואות **א'**
בחג"ת, ואות **מ'** בנהי"ם, נשארו י"ב אותיות נקראים בספר יצירה אותיות פשוטות[71], והם אותיות בלי דגש ורפה. והם

יהיה להם כח וחוזק גדול. ואמנם בחינות אלו הם למעלה מן היסוד, כי אלו ב' אזנים ויסוד דנוקבא ודכורא
דעתיק שניהם במצח כמו שכתוב, כי כמו שבמצח דז"א הוא יסוד דאו"א, כן במצח דא"א הוא סוד היסוד
דרדל"א, לכן נצח הוד (ר"ל אלו הב' ביעי שהם נ"ה הסתומים) אלו מתגלין במצח, כי הם יריקו השפע ליסוד,
ולכן יש במצח סוד הדינין כנודע, כי כ"ד בתי דינין במצח ז"א מיסוד דאמא אשר שם, רק שבכאן בעתיקא הם
נכפין, ולכן מצח ונצח כולא חד באתוון רצופים כנ"ל, כי הלא נתח הוד הם גלוים ביסוד. ואמנם ב' הבחינות
שבב' (פרקין תתאין) **דנצח הוד שהם סוד הירכים, שהם תחת היסוד, הם ב' עינים. והיסוד מקומו במצח,**
ולכן תמצא כי כמו שהחסד הוא גנוז ונחית בפומא דאמא, גם חסד עלאה דרדל"א נחית הכא במצחא, ששם הוא
היסוד, ושם מתגלה כח האי טורנא נאה בסימא, ונקרא רצון, כי נמשך מן החסד דרדל"א, וזה שכתוב באדרא
זוטא מצחא דמתגליא בעתיקא קדישא רצון דהא האי רדל"א, פשיט חד טורנא נאה כו'. ואמנם ה**מַּלְכוּת**
מקורה בחוטם, וזה סוד ותהלתי אחטום לך, כי לעולם תהלה במלכות, רק שהיא המלכות דרדל"א. הרי
ביארתי לך אך ז"ל דרדל"א הם גנוזים בא"א, בסוד ז' תקוני דגלגלתא הנזכר בריש ספרא דצנעותא, שהם
ג"ט, קע"ר, פ"ח. א' - **גלגלתא ושם חסד. ב'** - **טלא דבדולחא והוא מוחא ושם גבורה. הג'** - **קרומא**
דאוירא ושם התפארת. הד' - **עמר נקא ושם נצח הוד. הה'** - **רעוא דרעוין והוא המצח ושם הוא יסוד. הו'**
- **אשגחא פקיחא** והם ב' בחינות ירכים נצח הוד, כי עמר נקא סוד אודנין, (ר"ל אלו ב' ביעי שהם נ"ה) ואלו
ב' ירכין **סוד עיינין. הז'** - **ב' נוקבא דפרדשקי ושם המלכות.** אמנם סוד הדעת דרדל"א הוא גנוז מאד, ולכן
הוא בסוד הפה דעתיקא קדישא, הנזכר בזוהר דעת גניז בפומא, אך ג"ר שלו הם בסוד אור המקיף, כי אינן
יכולין להתלבש כנ"ל.
קהילת יעקב דק"ב ע"ב – וכן בג"ד כפר"ת אותיות שלש ראשונות, כי הן בשבעה נקבי הראש. ב' – **אזן**
ימין, חכמה. ג' – **אזן שמאל, בינה. ג'** – **עיינין.** פ"ר – **חוטם, דעת.** ת' **פה, מלכות.** שבראש.
67

בית לחם יהודה ש"ה פ"ו – ב' אזן ימין חכמה. ג' אזן שמאל בינה. חו"ב הנזכרים הם ישסו"ת, ובהכי לא
תקשה ממאי דאמרינן בפרק א' דאח"ף, שהאזנים הם בינה ותבונה, דגם התם הכוונה על ישסו"ת, כמו שכתב
התם בד"ה והענין יעו"ש. ועוד יש לאמר דהתם קאי על ההבל היוצא מהאזנים, והכא קאי על גוף האזנים.
ובעניין סדר ז' אותיות בג"ד כפר"ת שבז' נקבי הראש, מצאתי בספר יצירה ג' נוסחאות, ואין אחד מהם כסדר
שכתב הרב ז"ל, ואולי שספרי יצירה שבזמנינו מוטעים הם. אבל תימה דלפי זה חסד וגבורה ויסוד איה מקום
כבודם בי' ספירות שבראש. ואמאי אין להם לא נקבים ולא אותיות. ותו אמאי לא אמרינן דג' אותיות אמ"ש
הם בג"ר דפרטות הי' ספירות שבראש, וז' אותיות בג"ד כפר"ת שבשבעה נקבי הראש הם חג"ת נהי"ם של
הראש, כי בזה יהיו יו"ד אותיות בי' ספירות של הראש, כל אות בספירה אחת, וצ"ע.
68

הגהות וביאורים)א(– ומה שכתוב במקום אחר כי ב' אזנים הם בינה ותבונה, אינו סותר לזה כי בינה עילאה
נקרא חכמה בערך התבונה התחתונה, בסוד הב"ן בחכמה וחכם בבינה, כי הבינה נקרא חכמה והחכמה נקרא
בינה עם היות דכו"ן.
69

בדרוש המקורי שבספר קהילת יעקב דק"ב ע"ב לא מוזכר נצח והוד.
70

בדרוש המקורי שבספר קהילת יעקב דק"ב ע"ב לא מוזכר תפארת.
71

ספר יצירה פ"ב משנה א' – עשרים ושתים אותיות יסוד, שלש אמות, ושבע כפולות, וי"ב **פשוטות.**
ספר יצירה פ"ה משנה א' – י"ב פשוטות באותיות ואלו הן, ה"ו, ז"ח, ט"י, ל"נ, ס"ע, צ"ק. יסודן ראיה,
שמיעה, ריחה, שיחה, לעיטה, תשמיש, מעשה, הלוך, רוגז, שחוק, הרהור, שינה.

31

י"ב[72] אותיות **פְּשׁוּטִים** והם ה', ו', ז', ח', ט', י', ל', נ', ס', ע', צ', ק', כאשר אות **ה' בְזֶוּסֶד**, ואת זֶ' צ"ל[73]

וֹי בַגְּבוּרָה (נ"א ו' בַגְּבוּרָה)[74], שהם **בֹּ' יָדִים**. הרב ז"ל לא ממשיך ומגלה את המשך חלוקת י"ב הפשוטות, חלוקה זאת מפורטת במפרשים, כאשר הבל"י[75] מסדר את החלוקה בסוד אור ישר ואור חוזר, והכרם שלמה הולך כשיטת ספר יצירה, ומחלק את י"ב הפשוטים בחלקי הגוף הפנימיים והחיצוניים[76], **וְכֵן עַל דֶּרֶךְ זֶה כָּל הַי"ב פְּשׁוּטִים בוּ"ק הַגוּף** ר"ל בחיצוניות הגוף, ובפנימיותו[77].

72

בית לחם יהודה ש"ה פ"ו – י"ב פשוטים ה' בחסד ו' בגבורה. כך צריך לגרוס. הי"ב פשוטים הם הו"ז חט"י לנ"ס עצ"ק. ואותיות הו"ז חט"י הם אור ישר ממעלה למטה, שמהם נעשה חיצוניות הכלים דו"ק, שהם זכים יותר מפנימיות הכלי, ואותיות לנ"ס עצ"ק גם הם בחג"ת נה"י, אלא שהם באור חוזר, ממטה למעלה, שמתחיל מאות למ"ד ביסוד, ומסיים באות קו"ף בחסד, כל זה למדתי ממה שכתב רז"ל בספר הליקוטים, בפרשה ויצא דף ל"ח ע"ג, יעו"ש.

73

צריך לגרוס אות ו' גבורה ביד שמאל, כך כותב הבל"י והכרם שלמה.

כרם שלמה ש"ה פ"ו אות ה' – ומה שכתב אחר כך י"ב פשוטים, ה' בחסד, ז' בגבורה, ב' ידים, וכן על דרך זה כל י"ב פשוטים בו"ק הגוף. הלשון הזה שהוא כאן הוא קצר העניין, והלומד יטעה בו, כי הלומד המתחיל יחשוב מה שכתב הרב ז"ל כאן, ה' בחסד, ז' בגבורה, ולכאורה פירושה ה' האותיות של הי"ב פשוטות הם מונחים בחסד, שהוא יד ימין, והז' האחרים הם מונחים ביד שמאל שהוא הגבורה, והאמת אינו כך מה שכתב הרב ז"ל כאן ה' בחסד, וז' בגבורה, הם על הנשאר מן האותיות של הכ"ב, שהם הי"ב פשוטים, שהם התחלתם אות ה', והב' אות ו', והג' אות ז', וכו' ,וכו'. אם כן עיקר הגרסא צריך להיות ה' בחסד, וו' בגבורה, ולא ז' בגבורה.

74

הגהות וביאורים)ב(– בתפארת)בכתב יד(.

75

לפי הבל"י אותיות ה', ו', ז', ח', ט', י', הם אור ישר, והם מחסד ולמטה. כאשר אות ה' – חסד, ו' – גבורה. ז' – תפארת. ח' – נצח. ט' – הוד. י' – יסוד. ואותיות ל', נ', ס', מ', צ', ק', אור חוזר. כאשר אות ל' – יסוד. נ' – הוד, ס' – נצח, ע' – תפארת, צ – גבורה. ק – חסד.
תרשים ו – י"ט.

76

י"ב האותיות הנקראים בספר יצירה י"ב פשוטות, הם שורש לי"ב חודשים, י"ב המזלות, י"ב בני יעקב, י"ב אבני החושן. והם שורש לי"ב צירופי הוי"ה, י"ב צירופי אהי"ה, י"ב חושין, י"ב אברים, וי"ב בתים.
תרשים ו – כ.

ספר יצירה פ"ה משנה ב' – י"ב אותיות פשוטות, ה',ו', ז',ח, ט',י, ל'נ, ס'ע, צ'ק, חקקן חצבן צרפן, וצר בהן י"ב מזלות בעולם ואלו הן, טל"ה, שו"ר, תאומי"ם, סרט"ן, ארי"ה, בתול"ה, מאזני"ם, עקר"ב, קש"ת, גד"י, דל"י, דגי"ם. ואלו הם י"ב חדשים בשנה, ניס"ן, איי"ר, סיו"ן, תמו"ז, א"ב, אלו"ל, תשר"י, חשו"ן, כסל"ו, טב"ת, שב"ט, אד"ר. ואלו הן שנים עשר מנהיגין בנפש, שתי ידי"ם, שתי רגלי"ם, שתי כליו"ת, טחו"ל, כב"ד, מר"ה, המס"ס, קיב"ה, קרקב"ן.
פירוש הגר"א לספר היצירה על המשנה הזאת – שתים עשרה כו', חקקן כו'. כאן צרוף מי"ב אותיות, ובכל חוש מלך אות אחד, וכנ"ל. **וצר בהם** כו', כולם בסוד י"ב צירופי הוי"ה, הראשון הוי"ה כסדר, ואחר כך כסדר הצירוף, ותקופת ניסן כל הוי"ת מתחילין ביו"ד, ותמוז בה', ותשרי בו', וטבת בה', שהן נחלקין לד' פעמים ג'. וכן החודשים, והמזלות, וכן י"ב צירופי אהי"ה, אלא שזה בסוד המקיפים, וזה בסוד פנימים. וכן י"ב שבטים י"ב צרופים הנ"ל. ואמרו רז"ל כי י"ב החושין הנ"ל מיוחסין לי"ב שבטים. ראיה לראובן, כמו שכתוב כי ראה הוי"ה בעניי. שמיעה לשמעון, שנאמר כי שמע הוי"ה. ריח ללוי, כמו שנאמר ישימו קטורה באפיך וכליל כו', ועולה גם כן ריח, כמו שכתוב אשה ריח ניחוח. שיחה ליהודה, כמו שכתוב הפעם אודה את הוי"ה, ואמרו לאה

הרב ז"ל נכנס לסוגיה הנקראת התכללות[78] **ודע**[79] **כי הרווז שהם עשרה ספירות** והם הנקודות קמץ, פתח, צירי, וכו' **אינם כסדר** עשרה הספירות של **הכלים, כי החסד של הרווז** שהוא

אחזה בפלך הודיה, ועמדו ממנה בעלי הודיה, יהודה אמר צדקה ממני, דוד רווהו להקדוש ברוך הוא בשירות ותשבחות, דניאל אמר לך אלה"א כו', והכל מיהודה. ההרהור ליששכר, כמו שכתוב יששכר חמור גרם כו', בתורה, והענין שההחמור אף כשהוא ישן ניעור ממשמרה ראשונה זמן שינה, וכן יששכר שאף בשינה נעשין כליותיו מעין החכמה שבהם ההרהור, כמו שכתוב להלן, כמו שאמר הכתוב אף לילות יסרוני כליותי. שחוק לזבולון, כמו שכתוב שמח זבולון בצאתך, שהיה מרויח בפרקמטיא והוא בשמחה, ושמחתה בכל הטוב אשר נתן לך]אבל בכתבים של האר"י ז"ל כתב שחוק לנפתלי, הלוך לזבולון, ובמקום לוי כתב מנשה. והכל אחד, שיבואו השבטים כסדר הדגלים, וראיה לדברי האר"י ז"ל שמח זבולון בצאתך וירכתו על צידון, נפתלי שבע רצון הוא שחוק[. רוגז דן, כמו שכתוב יהי דן נחש עלי דרך כו'. הילוך לנפתלי, כמו שכתוב נפתלי אילה שלוחה, וכן אמרו שהיה קל ברגליו. מעשה לגד, כמו שכתוב וטרף זרוע אף קדקוד, ומעשה ביד שמאל, כמו שכתוב להלן שם הגבורה למלחמה כידוע. לעיטה לאשר, כמו שכתוב מאשר שמנה לחמו. תשמיש ליוסף, כמו שכתוב בן פרת יוסף כו', וידגו כו', יסוד כו' כידוע. שינה לבנימין, כמו שכתוב בין כתפיו שכן, והוא חדר המטות, הנה מטתו של שלמה.

77

י"ב אותיות פשוטות מתפשטים בי"ב חלקי ו"ק של הגוף, מפני שאותיות בג"ד כפר"ת הם בראש, נשארו י"ב פשוטות לו"ק דגוף. והם מתפשטים בחיצוניות ופנימיות ו"ק.

כרם שלמה ש"ה פ"ו אות ה' – ופירוש הענין שבי"ב אותיות פשוטים הם ה"ו, ז"ח, ט"י, ל"נ, ס"ע, צ"ק, ואלו הי"ב אותיות הפשוטים הם קבועים בכל אורך הו"ק הגוף, דהיינו מן החסד שהוא יד הימין, עד למטה. וזהו מה שכתב הרב ז"ל, וכן על דרך זה כל הי"ב פשוטים בו"ק הגוף, וכך הם מנוים בספר יצירה פרק ה' משנה ב'. אות ה' ביד ימין, אות ו' ביד שמאל, אות ז' רגל ימין, אות ח' רגל שמאל, אות ט' כוליא ימין, אות י' כוליא שמאל, אות ל' כבד, אות נ' טחול, אות ס' מרה, אות ע' המסס, אות צ' קיבה, אות ק' קורקבן. עד כאן לשון ספר יצירה בקיצור נמרץ. ומה שכתב כאן **בו"ק הגוף**, ר"ל בפנימיות הגוף גם כן בכלל, ופשוט.

78

סוגיית ההתכללות היא גדולה ומסועפת, בכללות הענין הוא שהחסד נכלל בגבורה, והגבורה בחסד וכן בשאר הספירות, כאשר כל ספירה אשר אחרי התיקון נכללת בכולם, וכולם בה.

תרשים ו – כ"א.
וכן הוא בעולמות, ובבחינות הנרנח"י.

תרשים ו – כ"ב.
בכללות הענין הוא בחינת החסד נכללת בגבורה, ובחינת הגבורה נכללת בחסד.

תרשים ו – כ"ג.
בסוגיה זאת נכללים זה בזה האורות נקראים אש, רוח, מים, עפר, אשר הם בכלים הנקראים צפון, מזרח, דרום, מערב.

תרשים ו – כ"ד
כרם שלמה ש"ה פ"ו אות ו' – והכונה לומר שהנשמה, שהוא חיות של הכלים, אינם יושבים כל אחד ואחד כל חלקו הכלי הדומה אליו, דהיינו החסד של הי' ספירות דרוח, כולו בכלי החסד של הי' ספירות דכלים, אלא ממוזג זה בזה, וזה בזה, כדי שיהיה כל אחד כלול מזכר ונקבה, דהיינו ימין ושמאל. וזהו מה שאמר הרב ז"ל וזה סוד התכללות שמאלא בימינא, וימינא בשמאלא, פירוש בימין יש שמאל, ובשמאל יש ימין. וקיצור דבריו שם, שיש ד' יסודות בעולם, שהם אש, רוח, מים, עפר, ואלו הד' בחינות נקראים בחינת רוח וחיות של הכלים, והכלים הם הגוף שלהם, הם ד' סטרי עלמא, דהיינו צפון, דרום, מזרח, מערב. וזהו מה שכתב כאן כי הם ב' בחינות, אחת ד' רוחות דרום, צפון, מזרח, מערב, ר"ל הוא בחינה אחת שהם ד' רוחות העולם, והוא הגוף של ארמ"ע, שהם החיות והרוח.

79

פנימיות ספירת החסד, שהוא בניקוד סגו"ל, הנקרא בזהר הקדוש מים **הוא** ר"ל חלק[80] ממנו נכלל **בכלי הגבורה, וגבורת הרוז** שהיא פנימיות ספירת הגבורה, שהיא בניקוד שב"א, הנקרא בזהר הקדוש אש **הוא** ר"ל חלק ממנו נכלל **בכלי הזוסד, וזה סוד התכללות**[81] **שמאלא בימינא,**

בית לחם יהודה ש"ה פ"ו – ודע כי הרוח הי' ספירות אינם כסדר הכלים כי החסד של הרוח הוא בכלי הגבורה. לא מצאתי הקדמה זו בכל ע"ח, ולכאורה היה אפשר לתרץ שענין זה הוא שייך בנוקבא העומדת עם ז"א אחור באחור, או פנים בפנים, ומקבלת ממנו הארת המוחין, שמוכרח הוא שיהיה ימינה כנגד שמאלו, ושמאלה כנגד ימינו, ואם כן אור הימין דז"א הוא נכנס בשמאלה, ואור השמאל דז"א הוא נכנס בימינה. אבל אין לשון רז"ל סובל כן, ועיין עוד בדברינו במ"ק דפ"ו דשער המלכים ד"ה לפי שהם דין וכו'.
80

לא כל בחינת אור החסד מתלבש בכלי הגבורה, ולא כל בחינת אור הגבורה מתלבש בכלי החסד, כמו שמפרש הכרם שלמה, כמו שכתוב בזהר הקדוש - **וכל חד וחד אוזיף לחבריה מדיליה כדקא חזי ליה**, כלומר וכל אחד ואחד מלוה לחברו משלו מה שראוי לו.

כרם שלמה ש"ה פ"ו אות ו' – ואל תחשוב כי בכלי הגבורה אין שם כי אם החסד של הרוח, ובכלי החסד אין שם כי אם הגבורה של הרוח. אלא הגבורה יש אור שלה עצמה, שהוא קר, והוא העיקר שם, וכדי שתתמזג עירב בו החסד של הרוח, שהוא חם. נמצא שיש בו כפלים קר וחם. וכן השאר כל אחד יש בו שלו ושל חברו שכנגדו, מפני שיהיה כלול מזכר ונקבה, ויתכן ימין בשמאל, ושמאל בימין, דהיינו כל אחד יש בו שלו עיקר, דהיינו שורש, ושל חברו הענף שלו, והוא הטפל אצלו. וזהו מה שכתב הזוהר שם, דנפקי מיא מדרום ועאלין בגו צפון, ומצפון נגבי מיא. אשא מצפון ועל בתוקפא דדרום, ומדרום נפיק תוקפא דחמימותא לעלמא, בגין דקרוב"ה אוזיף דא בדא, וכל חד וחד אוזיף לחבריה, ואאתכליל דא בדא, ואתחברא כחד, וכו'. וזהו כונת המ"מ שם, ועיין שם במקדש מלך בד"ה שמוכח נלשון הזוהר שהשמאציל העליון עשה ב' מזגים.
81

בדברי הרב ז"ל יש ב' שמעוות בענין החילוף ימין בשמאל ושמאל בימין. הבחינה האחת חלק מאור החסד מתלבש בכלי הגבורה, ואור הגבורה מתלבש בכלי החסד, כמו בסוגיה בפרקין. הבחינה השניה היא כאשר אור החסד שנמצא בכלי הגבורה מתלבש בכלי החסד, ואור גבורה שבכלי החסד מתלבש בכלי הגבורה. בחינת התחלפות הבחינות דימין בשמאל, ושמאל בימין, הוא סוד קשירת הרצועות דתפילין דראש, כאשר הרצועה שבראש בצד ימין היא בחינת נצח, והרצועה שבצד שמאל שבראש היא בחינת הוד. וכאשר נקשרים הרצועות בקשר הנקרא קשר של תפילין דראש, וקשר זה הוא בצורת אות ד', הרצועה שבצד ימין שבראש מתחלפת ומשתלשלת לצד שמאל, והרצועה שבצד שמאל בראש משתשלשלת לצד ימין. **ומבשרי אחזה אלו"ה, כך הוא בגוף האדם**, מעולם הרפואה, כאשר ידוע כי המוח שבצד ימין שולט על צד שמאל שבגוף, והמוח שבצד שמאל שולט על צד ימין בגוף, כמו שנראה בחוש כאשר קורה מקרה ב"מ לשונאי ישראל שמקבלים "ארוע מוחי", אם המוח הימין נפגע, צד שמאל של הגוף לא מתפקד כראוי, ואם המוח השמאל נפגע, צד ימין של הגוף נפגע ולא מתפקד כראוי.

הפך סוגיה זאת הוא בשער אנ"ך, כאשר יש חילוף בבחינת החסדים והגבורות באו"א, בחינת החסדים דאימא מוחלפים בבחינת הגבורות דאבא, ובסוף החילוף אבא כלול מחסדים בלבד הנקראים מ"ה דמ"ה, ומ"ה דב"ן. ואימא כלולה מגבורות הנקראות ב"ן דמ"ה, וב"ן דב"ן. מרן הרש"ש מישב את ב' השמעוות בספרו הטהור נהר שלום. בחינת החילוף נרמזת גם בספר יצירה, כמו שכתוב - הבן בחכמה, וחכם בבינה.

תרשים ו – כ"ה.

ספר יצירה פ"א מ"ד – עשר ספירות בלימה עשר ולא תשע עשר ולא אחת עשר, **הבן בחכמה וחכם בבינה,** בחון בהם, וחקור מהם, והעמד דבר על בורייו, והשב יוצר על מכונו.

ע"ח ח"ב שכ"ט פ"ט מ"ב דכ"ה ע"ד – ונבאר עתה ענין התפילין שהוא הבחינה הו', ואחר כך נבאר הדיקנא, כי שניהם הם אורות מקיפים שיצא מהפנימים. הנה התפילין הם נקרא חיי המלך, והטעם כי המוחין נקרא חיים של ז"א, שהוא המלך, ואלו החיים נמשכים לו מאו"א הנקרא חיים כנודע. ובהיות המוחין בבחינת מקיפין הם ד', ובבחינות פנימים, הם ג'. לכן כנגדן ב' שיני"ן של תפילין, של ג' רישי"ן, ושל ד' רישי"ן. והנה (נמצא) נצח דבינה נתפשטה עד החזה לבד, שהוא טבורא דלבא, והבן כי זה פירוש טבורא דלבא, והטעם כי זו

היא לצורך ז"א, ומכאן ולמטה הוא התחלת הנוקבא, ואז שם נתפשט ההוד דבינה עד טבורא דגופא, כנזכר באדרא בטבורא שלים וע"ש. וזה סוד ב' רצועות ימנית עד החזה, קצרה, קרן גבוה, ורצועה שמאל עד הטבור, ארוכה קרן הב'. ואף על פי שבפרשת פנחס בר"מ דרכ"א ע"ב אמר כי הימנית הוא ארוכה, אין קושיא, כי שם אמרו בבחינת המניח תפילין בעצמו, אך בבחינת הבינה עצמה נמצא כי ימין שבה, הוא שמאל שבו, וכן להפך.

ע"ח שי"ט פ"ו מ"ב דצ"ב ע"ד – וכבר ידעת כי המוחין מתחלפין, כל החכמות והחסדים בנה"י דאבא, וכל הבינות וגבורות בנה"י דאמא. והענין כי אבא כלול ממ"ה דמ"ה, וממ"ה דב"ן, ואמא מב"ן דמ"ה, ומב"ן דב"ן, ואז מתחלפים ונכנסו בצלם נה"י דאבא המוחין שהוא ממ"ה דמ"ה, ומב"ן דמ"ה, ובצלם נה"י דאמא מ"ה דב"ן, וב"ן דב"ן. נמצא החסדים וגבורות שבז"א מצד אמא הם מ"ה וב"ן, שניהן דב"ן. והחסדים וגבורות דמצד אבא הם מ"ה וב"ן, שניהם דמ"ה.

נהר שלום דל"ג ע"ד (תשובה לחכמי תוניס) – גם על מה שכתב כת"ר בענין התפילין והרצועות, ראוי היה לי להאריך מעט בתשובת ענין זה, יען הוא שורש גדול עמוק מאד וענפיו מתפשטים לכל עיבר, ובו יובנו כמה הקדמות מכונות הקריאת שמע, והתפלות, וכוונות, שאר המצות. אמנם לא אוכל עתה להרחיב בו הדיבור, ואל יאשימני על זה, כי גלוי וידוע לפניו יתברך שמו כי אין לי זמן מכמה צרות טרדו עלי, ה' יתברך יאמר לצרותינו די, ויסיענו ללמוד תורה לשמה, כן יהי רצון. ובע"ה באחרת אכתוב מעט ממה שחנני השם יתברך, ואעתיק להם ממה שכתוב אצלי בס"ד. אמנם מה שכתב כת"ר כי מה שכתב הזוהר בבחינת המניח, הוא על האדם התחתון, ועליו קאמר כי רצועת הימין קצרה עד החזה כו', ושהאדם תחתון למזרח כו', יפה אמרו ודכוותה, אמרז"ל גבי ג' פסיעות שאחר העמידה שצריך תחילה להשתחוות ולכרוע לימינו של הקב"ה, שהוא לצד שמאל דידיה כו', כעבד הנפטר מרבו העומד כנגדו להשתחוות ולכרוע. אמנם נודע כי האדם הוא מרכבה לאדם העליון, ובו מתלבשים כל הבחינות שלמעלה ממנו, עד כתר דא"ק, עם כל אורות והנרנח"י, דכל שלמעלה ממנו והוא סולם מוצב ארצה, וראשו מגיע השמימה, וכמו שאמרו חז"ל האבות הם הם המרכבה כו'. ונודע גם כן כי התפילין הם בבי"ע, אפילו תפילין של הראש שהם באצילות דבי"ע דאבי"ע דחיצוניות דאצילות כנודע, ונודע כי באבי"ע דאצילות המחשבה, והפעולה, והמעשה, באים כאחת, כי הוא לגרמוי חד בהון כנודע, אבל מן האצילות לבריאה הוא כמלך עם עבדו, שצריך להוציא הדיבור מהפה, והוא סוד הכאת אור האצילות בכלים דבריאה, להחתים חותמם בבריאה כנודע, וזו אחד מכונות קול ודיבור. גם נודע כי התפילין הם מאור המקיף היוצא מהתנוצצות ריבוי אור הצלם דמוחין הפנימים, על ידי הכאת קוצא דשערי, ומוציא לחוץ דמות אור צלמי המוחין הפנימיים כנגד הפנים, והם הבחינה הששית הנזכר בפרק ז' משער הנסירה. וכך כתב בשער הכוונות, ובוודאי כי התלבשות המוחין הפנימים באצילות דאבי"ע דחיצוניות, הם כסדרן ימין בימין, ושמאל בשמאל, אבל התלבשות אור המקיף היוצא מהפנימי כנגדו כנז"ל, המתלבש בכלים דמקיף דבי"ע דאבי"ע דחיצוניות הנזכר הוא מתלבש בהם שלא כסדרן, כי הם פנים כנגד פנים כנודע, וכנזכר בכונת קבלת שבת בפסוק השתחוו כו', כי כל העולמות הם לבושים זה לזה, מתלבשים זה בתוך זה, כי הא"ס תוך אבי"ע דאצילות דא"ק, שהם דוגמת המוח שבתוך העצמות, והם תוך אבי"ע דאצילות שהם דוגמת העצמות שבגוף, ועד שם הוא התפשטות והתלבשות עצמות האורות והנרנח"י עצמם, ועל כן איהו וגרמי חד בהון באצילות, ומשם ואילך אור העצמות מכה בכלים דאצילות, ומתנוצץ אורם וחותמם ומתלבשים בכלים דבי"ע דבריאה, המלבישים לאבי"ע האצילות, שהם דוגמת הגידים שבגוף במעשה מצות התפילין. וכן על דרך זה מבריאה לאבי"ע דיצירה, המלבישים לאבי"ע דבריאה, שהם דוגמת הבשר שבגוף. ועל דרך זה מיצירה לאבי"ע דעשיה, המלבישים לאבי"ע דיצירה, שהם דוגמת העור שבגוף. וה' בחינות שבאדם מרכבה לכולם, כל בחינה לבחינת שכנגדו בעליון, וכנודע ומה שאעשה כי בזה יש ענינים רבים להבין ואיני יכול להאריך. אמנם להבין הענין בשורשו על מתכונתו, צריך להבין התחברות המ"ה והב"ן דכל הפרצופים, כי בהם תלוי הכל להבין מה הוא פנים ואחור, ומהו ימין ושמאל, והדכורא הנקרא קדם, והנוקבא הנקרא אחור, והפנימי והמקיף, ותורה שבכתב ושבע"פ, וקול ודבור, וכל פרטי הזוווגים הכוללים, והפרטים הנעשים, על ידי מצות מעשיות, ומצות בדבור, ובקול ודבור, ועל ידי מחשבה, הכל כנז"ל. אמנם הכלל הוא כי התחברות המ"ה והב"ן הנזכר בכל פרצוף הוא בפרטות (ולא בכללות המשל בזה כי המ"ה והב"ן דעתיק העומדים בבחי' אחור ופנים הענין הוא בפרטות האחרון סכ"י) דכל פרטי כל ספירה דכל פרצוף דאחור ופנים, ודימין ודשמאל דכל פרטיו, סדר התחברות המ"ה והב"ן שבהם, הוא בבחינת פנים ואחור, דימין ודשמאל, ודפנים ואחור, וכן בא"א בבחינת ימין ושמאל, וכן כל הפרצופים, ובזה יובנו כל הענינים על מתכונתם באר היטב בעה"י.

וִימִינָא בִּשְׂמָאלָא, הַנִּזְכָּר בַּזוֹהַר וּבַתִּיקוּנִים עַיֵּין שָׁם[82]. וְכֵן בְּפָרָשַׁת וַיִּקְרָא דנ"ד[83] צ"ל וָאֵרָא דכ"ד ע"א[84], וּבְסוֹף ספר זהר חדש שִׁיר הַשִּׁירִים ד"צ ע"א[85] בְּסוֹד

____

82

צריך לדעת כי לא רק החסד נכלל בגבורה והגבורה בחסד, אלא כל ספירה נכללת בכל הספירות, וכל הספירות נכללים באותה ספירה.

ע"ח ש"י פ"ה ד"נ ע"א - תחילה היו הי"ס כוללים כל עולם אצילות, עצמות וכלים, אלא שהעצמות היה שלם, והכלים קטנים, ולכן מתו. פירוש כי כלי נקודת עתיק היה חצי כתר דעתיק שלו, וכלי נקודת א"א היה חצי התחתון של הכתר, ובו נכללין כל הי"ס שלו, וכן בעתיק. וכלי אבא היה החכמה לבד, ובו כלולים כל הי"ס, וכלי אמא היה בינה לבד, ובו כלולים כל הי"ס שלה, וכלי זו"ן היו)נ"א ז"א היה(ז' כלים, הא' מחסד לבד, וב' מגבורה, ג' מת"ת, ד' מנצח, ה' מהוד לבד, ו' מיסוד לבד, הז' ממלכות לבד, וכל י"ס שלו כלולים בהם, וכלי המלכות היה של מלכות ממש שבה לבד, וכל הי"ס שבה כלולים בה. ועוד שינוי אחר היה בהם קודם התיקון, כי כל אחד היה זה למעלה מזה, ואין זו מתלבשת בזו כלל, ואז נמצא שהכל נקרא פרצוף אחד, וגם בלתי התלבשות שום ספירה בחברתה, והיתה שיעור קומתה כמו שהוא עתה ממש, כל אורך האצילות, ואחר כל התיקון אז נתוספו ט' כלים וחצי תחתון בכתר דעתיק, וגם שנתלבשו ונתפשטו אלו באלו, ובזה נתרחבו הכלים לאין קץ, וייכלו לסבול כל האורות, עד שנשארו בקומתן שוה.

83

כרם שלמה ש"ה פ"ו אות ו' – תחילה מה שכתב וכן בפרשת ויקרא דנ"ד, הוא בפרשת ואירא, ולא בפרשת ויקרא. ועוד מה שכתב דנ"ד הוא בדף כ"ד ולא בדף נ"ד, ועיין שם שמביא הדבר באורך יותר משאר המקומות שמציין עלהם הרב ז"ל

84

זהר וארא דכ"ד ע"ד תרגום והסבר – **תָּא חֲזִי** בו וראה איך התמזגו הספירות חסד בגבורה, וגבורה בחסד, **אֵשׁ הוּא בִּשְׂמָאלָא לִסְטַר צָפוֹן** אש שהוא אור הגבורה, נתלבש בצד שמאל, שהוא צד צפון, **דְּהָא אֵשׁ תּוּקְפָּא דַּחֲמִימוּתָא בֵּיהּ** מפני שהאש שהוא אור הגבורה, יש את תוקף החמימות, **וִיבִישׁוּ דִּילֵיהּ תַּקִּיף** והיובש שלו חזק. **וְצָפוֹן בְּהִפּוּכָא דִּילֵיהּ הוּא** וצד צפון הוא ההפך מזה, מפני שבצפון קר ולח, כנראה בחוש העין, שהצד צפון של כדור הארץ הוא קר ולח, **וְאִתְמְזִיג חַד בְּחַד וְאִיהוּ חַד** לכן התמזג והתלבש אור הגבורה שהוא אש ויבש, תוך צד צפון שהוא קר ולח. **מַיִם** שהם בחינת אור החסד, והם מבחינת קר ולח, **לִימִינָא** והם בימין, **וְהוּא לִסְטַר דָּרוֹם** והם התלבשו בצד דרום, שהוא חם ויבש, כמו שנראה בחוש העין, שצד דרום בכדור הארץ הוא מדבר חם ויבש. אחר שהאורות של חסד וגבורה התלבשו בכלים שלהם שהם דרום וצפון, **וְקוּדְשָׁא בְּרִיךְ הוּא לְחַבְּרָא לוֹן כַּחֲדָא** הקדוש ברוך הוא חיבר אותם יחד להמתיקם, **עֲבִיד מִזְגָא דָא כְּמִזְגָא דָא** ועשה מיזוג זה עם זה, וכצד היה המיזוג **צָפוֹן אִיהוּ קַר וְלַח** צד צפון שהוא כלי הגבורה, והוא קר ולח, **אֵשָׁא חַם וְיָבֵשׁ** והאש שבתוכו שהוא אור הגבורה, והוא חם ויבש, **אַחְלַף לוֹן לִסְטַר דָּרוֹם** החליף אותו לצד דרום, **דָּרוֹם אִיהוּ חַם וְיָבֵשׁ** וצד דרום שהוא כלי החסד, והוא חם ויבש, **מַיִם קָרִים וּלְחִים** והמים שבתוכו הם בחינת קר ויבש, **וְקוּדְשָׁא בְּרִיךְ הוּא מָזִיג לוֹן כַּחַד** והקדוש ברוך הוא ממזג אותם מזוג שני כאחד, **דְּנָפְקֵי מַיָּא מִדָּרוֹם וְעַאלִין בְּגוֹ צָפוֹן** שיצאו מים מצד דרום, שהוא אור החסד, והכנס והתלבש אור החסד בכלי הגבורה הנקרא צפון, **וּמִצָּפוֹן נַגְדֵּי מַיָּא** לכן מצד צפון יורד ונמשך הגשם לעולם, בסוד הברכה השנייה בתפילת העמידה הנקראת גבורות, ובה מזכירים מוריד הגשם, **נָפִיק אֵשָׁא מִצָּפוֹן** ויוצא אש מהצפון, והוא אור הגבורה, **וְעָאל בְּתוּקְפָּא דְּדָרוֹם** ונכנס בכלי החסד, שהוא צד דרום, **וּמִדָּרוֹם נָפִיק תּוּקְפָּא דַּחֲמִימוּתָא לְעָלְמָא** לכן מהדרום יוצא תוקף החום והיובש בעולם. **בְּגִין דְּקוּדְשָׁא בְּרִיךְ הוּא אוֹזִיף דָּא בְּדָא** לפי שהקדוש ברוך הוא מחבר זה בזה, וכל צד מלוה)מלשון הלוואה(לצד השני חלק מבחינתו, **וְכָל חַד וְחַד אוֹזִיף לְחַבְרֵיהּ מִדִּילֵיהּ כִּדְקָא חֲזֵי לֵיהּ** וכל אחד ואחד מלוה לחברו משלו מה שראוי לו, כך הוא השורש בספירות העליונות, החסד נכלל בגבורה, והגבורה בחסד.

85

זהר חדש, שיר השירים ד"צ ע"א תרגום והסבר – ביום השני לבריאת העולם כתוב **וַיֹּאמֶר אֱלֹהִי"ם יְהִי רָקִיעַ בְּתוֹךְ הַמָּיִם, דָּא** הרקיע הוא **נְקוּדָה פַתַּח** והיא בצורת אות ו', ונקודת הפתח רומזת לחכמה. **פְּשִׁיטוּ**

הַנְּקוּדוֹת הבאות מהחכמה, בְּסוד הַפָּסוּק[86] ויאמר אלהי"ם, שהוא בחינת ספירת החכמה **יְהִי רְקִיעַ בְּתוֹך הַמַּיִם, וזכור זה היטב.**

נִמְצָא[87] **כי הם ב' בְּחִינוֹת** שהם ארמ"ע וארבעה רוחות העולם, והם ב' בחינות פנימיות וחיצוניות, אורות וכלים, **אֲזַד**[88] והיא בחינת חיצוניות, הם **אַרְבָּעָה רוּחוֹת, דָרוֹם** הוא כלי החסד, **צָפוֹן** כלי הגבורה, **מִזְרָח** כלי התפארת, **מַעֲרָב** כלי המלכות. **בְּחִינָה הַשְּׁנִיָּה**[89] והיא בחינת הפנימיות, **וְהִיא אַרְבָּעָה יְסוֹדוֹת אַרמ"ע** שהם אש בחינת אור הגבורה, רוח אור התפארת, מים אור החסד, עפר אור המלכות, וב' בחינות אלו **הם בְּחִינוֹת** אחת פנימית והיא **רוּחַ** שהוא הנרנח"י המתפשטים והמחיין את הכלים, והם רמוזים בארמ"ע, **וְהבחינה** השנייה היא חיצונית, והיא **גוּף** והוא בחינת הכלים שבתוכו מתפשט אור הנרנח"י, ובחינת הגוף רמוזה בארבע רוחות השמים. צד **דָרוֹם**[90] של העולם, שהוא בחינת כלי החסד, מתלבש בו חלק מאור הגבורה, שהוא **חַם וְיָבֵשׁ, ובו**[91] בדרום, ר"ל בכלי החסד יש **מַיִם קָרִים לָחִים**, ובצד צפון של העולם, שהוא בחינת כלי הגבורה, מתלבש חלק מאור החסד, שהוא קר ולח, ובצד צפון כלומר בכלי הגבורה יש חום ויובש, **וְכֵן**[92] בשאר הבחינות **כּוּלָּם עַל זֶה הַסֵּדֶר.**[93]

דנהירו דאנהיר בסטרא דדכורא בצד הזכר שהוא צד ימין, והוא חסד ובצד הנקבה, שהיא **בסטר שמאלא** בצד שמאל, והיא גבורה, **ואנהיר להההוא סטרא** ומאיר לצדדים ההם. **והשתא** ועכשיו, ר"ל ביום השני לבריאה **אתחליפו** התחלפו האורות, **ואתכללו ימינא בשמאלא** ונכללו הימין בשמאל, **ושמאלא בימינא** והשמאל בימין. **מים איהו לימינא** כי המים הם תמיד בצד ימין, **ברזא דההיא נקודה** בסוד אותה נקודה, והיא נקודת פתח, בחינת החכמה, כאשר החסד הוא ענף החכמה. **דאנהיר בה צר**"י ומאירה בחסד נקודת הציר"י, שהיא שורש הדין, ומפני שמאירה נקודת הציר"י **בסטרא דא דימינא** בצד ימין שהוא החסד, **אתפליגו תרין מימין** נחלק בחינת המים לב' בחינות, והם מים עליונים, ומים תחתונים.
86

בראשית א' ו' – ויאמר אלהי"ם יהי רקיע בתוך המים ויהי מבדיל בין מים למים.
87

בית לחם יהודה ש"ה פ"ו – נמצא כי הם ב' בחינות. שהם אותיות ורוח, שהם בחינת כלים ואורות.
88

בית לחם יהודה ש"ה פ"ו – אחד ד' רוחות דרום צפון מזרח מערב. דרום כלי החסד, וצפון כלי בגבורה, מזרח כלי תפארת ויסוד, ומערב כלי המלכות, כי הרוחות הם רמז לכלים, כמו שכתב הרב מקדש מלך בזוהר וארא דף כ"ד, יעו"ש.
89

בית לחם יהודה ש"ה פ"ו – בחינה ב' היא ד' יסודות ארמ"ע. והם בחינת אור העצמות.
90

בית לחם יהודה ש"ה פ"ו – דרום חם ויבש. כי הוא כלי החסד, שבחינתו הוא גבורה, לפיכך הוא חם ויבש.
91

בית לחם יהודה ש"ה פ"ו – ובו מים קרים ולחים. שהם אור החסד, שהם מים קרים.
92

בית לחם יהודה ש"ה פ"ו – וכן כולם על זה הסדר. כמו שכתוב בזוהר וארא דף כ"ד, שהצפון קר ולח, ובו אש חם ויבש. מזרח חם ולח, ובו רוח חם ולח. מערב קר ויבש, ובו עפר קר ייבש, יעו"ש
93

בחינות אורות ארמ"ע, שהם אורות חסד, גבורה, תפארת, מלכות מתלבשים כל אחד בכלי שלו, שהם דרום, צפון, מזרח, מערב. ואחרי התלבשותם מתמזגים האורות בין צפון דרום, מזרח מערב.

תרשים ו – כ"ו.

יש עוד בחינה שהרב ז"ל לא מבאר בסוגיה זאת, והיא כי כל אחד מארבע הרוחות מתמזג עם כל האחרים.

תרשים ו – כ"ז.

תורת חיים לאדמו"ר האמצעי, בראשית, חלק א', פרשת בראשית דמ"ב ע"א – והנה להבין ענין שיר מרובע הנ"ל בתוספת באור לאמתו יותר. הנה יש להקדים ענין אחד והוא במה שכתוב)זכריה ב', י(כי כארבע רוחות השמים פרשתי אתכם. ויש להבין דלמה דימה ענין הפיזור הזה דישראל, בארץ לד' רוחות השמים, או ד' רוחות העולם, שהן מזרח, ומערב, וצפון, ודרום, שהן ד' סטרי עלמא)והוא דל"ת רבתי דאחד שהמלכות מלבשת לד' מדרגות תנה"י דז"א כו' כמו שיתבאר(והוא בחינת שיר מרובע הנ"ל, ועוד מהו שאמר כארבע רוחות כו', כמו ד' רוחות ולא אמר בארבע רוחות כפשוטו, שנתפזרו בד' קצוות הארץ ממש כו'. אך הנה פירוש רוחות השמים, או רוחות העולם כפשוטו, זהו הקצוות דד' סטרין צד המזרח נקרא רוח מזרח, וצד הדרום נקרא רוח דרום, אך מה שנקרא הקצוות והצדדים בשם רוח שהוא רוח ממש הנושב בארץ, לפי שד' רוחות העולם הן בד' מדרגות דרוח ממש, שהוא הרוח המנשב מקצה המזרח נקרא רוח מזרחית, רוח קדים, ורוח המנשב מצד הדרום, נקרא רוח דרומית כו', וכן רוח צפון, ורוח מערב, וכל אחד ואחד יש לו טבע מיוחדת בפני עצמו, ואינם דומים זה לזה, ועליהם יסוד החיות וקיום העולם שהן הברואים שבארץ, וכל אשר בה. וזהו שדימה פיזור ישראל כמו ד' רוחות, ולא אמר בארבע כו', לפי שעיקר הכוונה על הרוחות המנשבות בעולם מד' הקצוות, שעל זה אמרו חז"ל)תענית ג', ב(כשם שאי אפשר לעולם בלי רוחות, כך אי אפשר לעולם בלי ישראל. דכמו שאין קיום לעולם בלא התכללות הד' רוחות דמזרח, ומערב, וצפון, ודרום, כך אי אפשר לעולם בלי ישראל, ששורשם בבחינת המלכות שכוללת ד' הרוחות הללו למעלה כו', וד"ל.

ובביאור הענין, הנה מה שאמרו שאי אפשר לעולם בלא רוחות, **היינו על ידי בחינת התכללות הרוחות זה עם זה דוקא**, שבזה יש שינוים רבים מאד כו'. כי הנה ידוע בספרי הטבע שהרוחות הן מחולקין בטבען, בדרך כלל בענין ד' מדרגות דחם, ויבש, וקר, ולח, שהן ב' הפכים דחסד וגבורה, שהן ב' מדרגות דרוח דרום, ורוח צפון המנגדיים, ורוח מזרח חם ולח, ורוח מערב קר ויבש. ואמנם אף על פי כן יש התכללות מרוח צפון ברוח דרום, ומדרום בצפון, דהגם שרוח דרום חם מאד ויבש, הרי כל צמיחה וגידול דצח"מ יש יותר בדרום מבצפון, וגם חום השמש מגדל בדרום דוקא, כמו שכתוב)קהלת א', ו(הולך אל דרום וסובב אל צפון כו', לפי שכל חום מוליד ומצמיח, לפי שיש בו בחינת ההתפשטות יותר. ובלתי חום לא יוליד, ולא יצמיח כלום,)רק כשממזג מן הלחלוחית, ולא חם ויבש לגמרי כארץ המדבר(, ורוח צפון להיותו קר ולח יש בו הכיוון הגדול, כקרירות הגדולה שהוא מניעת השפע והתולדה כו'. ועל כן עיקר ישוב הארץ בדרום יותר מן הצפון, ולזאת נחשב צד הדרום בבחינת החסד, וצד צפון בבחינת גבורה, שהוא הצמצום כידוע. ואף על פי שהחום בבחינת הגבורה כרשפי אש שלהבת העולה כו', והקור הוא בבחינת החסד כמים, אבל נכלל דבר בהיפוכו דוקא, וכן רוח מזרחית חם ולח, ורוח מערבית קר ויבש, נכללים זה עם זה, והוא מצד עירוב הרוחות יחד, שמתערבים ומתכללים ומתמזגים יחד בכמה מיני אופנים שונים, כרוח צפון ברוח דרום, ורוח מזרח ברוח מערב, **וד' הרוחות יתכללו כולם כאחד, והיו לרוח אחד ממש**, כמו שנראה לעין שלפעמים מנשב רוח הצפון בצד הדרום, ולנגדו ינשב רוח הדרום, ויתכללו זה עם זה יחד, עד שיהיו לרוח אחד שכלול משניהם, הגם שהם ב' הפכים, וכן מרוח מזרח למערב, ומרוח מערב למזרח, יתכללו כאחד, וכן יתכללו לפעמים רוח דרום עם רוח מזרח לבד, וכן רוח צפון עם רוח מזרח, ורוח מערב עם רוח צפון, או רוח דרום. וכך יוכל להיות שני אופני המזיגות והתכללות של הרוחות עד שיוכללו כל הד' רוחות יחד)כידוע ברוחות שבים לעוברי אורחות ימים בכל פרטי אופני התכללות הרוחות שמשתנים בכל עת ורגע כו'(. ולזאת יוכל להיות מדרגה האחת במנגדו הפכי דוקא, כמו מציאות הזהב שהוא בדרום שהוא ארץ החוילה, שהיא בקצה הדרום, ששם הזהב והבדולח,)מצד חום האויר ביבישות שמהפך העפר לקושי דומם הזהב שבו מעוט הרוח והאויר בתכלית כידוע בספרי הטבע(וכתיב מצפון זהב יאתה כו'. וכן כל השפע הרוחניית נמשך בבחינת הגבורה שבצפון, כשפע המזונות שאמרו שולחן בצפון, וכל זה מצד בחינת התכללות דחסד בגבורה, וגבורה בחסד כנ"ל, דיש בגבורה בהעלם מבחינת החסד, ובחסד יש מבחינת הגבורה בהעלם כו'. כך בחינת חסד וגבורה דדרום וצפון, מתכלל זה עם זה שבדרום, שהוא בחינת החסד, יש בו מבחינת הגבורה שהוא החום והיובש כנ"ל, ובצפון שהוא בבחינת

גַּם דַּע[94] אַף שֶׁפַּרְצוּף ז"א הוּא פַּרְצוּף שָׁלֵם בַּעַל עֲשָׂרָה סְפִירוֹת, אַךְ **כֵּיוָן שֶׁכְּלָלוֹת ז"א** בְּעֵרֶךְ כָּל עוֹלָם הָאֲצִילוּת[95], אוֹ בְּעֵרֶךְ כָּל עוֹלָם וָעוֹלָם[96] **אֵינוֹ רַק** בַּעַל ו"ק[97], וְהֵם **בְּחִינַת גּוּפָא** כִּי הָרֹאשׁ הוּא ג"ר,

---

הַגְּבוּרָה, יֵשׁ מִבְּחִינַת הַחֶסֶד שֶׁהוּא הַשֶּׁפַע רוּחָנִיּוּת בְּגַשְׁמִיּוּת כוּ', לִהְיוֹתוֹ בִּבְחִינַת קְרִירוּת דָּמִים, שֶׁהֵן בִּבְחִינַת הַחֲסָדִים. וּכְמוֹ כֵן מִתְכַּלְּלִים רוּחַ מִזְרָח, וְרוּחַ מַעֲרָב,)שֶׁהוּא בְּחִינַת תִּפְאֶרֶת וּמַלְכוּת, וּבְרוּחַ מִזְרָח יֵשׁ מֵהִתְכַּלְּלוּת דְּחֶסֶד וּגְבוּרָה דְצָפוֹן וְדָרוֹם, כְּעִנְיַן הַהַכְרָעָה שֶׁבַּתִּפְאֶרֶת, וְהוּא בִּבְחִינַת שִׁיר מְשֻׁלָּשׁ הַנ"ל, וּבַמַּעֲרָב שֶׁהוּא בְּחִינַת הַמַּלְכוּת מִתְכַּלְּלִים הַכֹּל, וְהֵן ד' מִינֵי הַתְכַּלְּלוּת שֶׁבְּד' רוּחוֹת, דָּרוֹם בְּצָפוֹן, וְצָפוֹן בְּדָרוֹם, וּמִזְרָח בַּמַּעֲרָב, וּמַעֲרָב בַּמִּזְרָח, שֶׁהֵן י"ב מִינֵי הַתְכַּלְּלוּת בִּפְרָט, שֶׁהוּא נֶגֶד י"ב צֵירוּפִים דְּשֵׁם הוי"ה, כְּמוֹ שֶׁהוּא לְמַעְלָה בְּד' חַיּוֹת דְּמֶרְכָּבָה, וּבְד' דְּגָלִים, די"ב שְׁבָטִים לְמַטָּה, שֶׁזֶּהוּ בִּבְחִינַת שִׁיר מְרוּבָּע הַנ"ל, וּמַעְלָה וּמַטָּה לֹא נֶחְשְׁבוּ כָּאן בִּהְיוֹתָם בִּבְחִינַת מַשְׁפִּיעַ מִלְמַעְלָה לְמַטָּה, וְד' רוּחוֹת הָעוֹלָם הֵן בִּבְחִינַת הַמַּלְכוּת שֶׁהוּא ד' רַבָּתִי כוּ', רַק שֶׁמִּשָּׁם הוּא מְקוֹר הַהִתְכַּלְּלוּת וְד' רוּחוֹת הָעוֹלָם)כְּמוֹ שֶׁיִּתְבָּאֵר(.

וְהִנֵּה מַה שֶּׁיֵּשׁ שִׁנּוּי הָאוֹפַנִּים שׁוֹנִים בְּאוֹפְנֵי הַהִתְכַּלְּלוּת בְּד' רוּחוֹת הָעוֹלָם כְּמוֹ בְּרוּחַ צָפוֹן וְדָרוֹם שֶׁמִּתְכַּלְּלִים לִפְעָמִים מְנַשְּׁבִים בְּאוֹפֶן כָּךְ, וְלִפְעָמִים מְנַשְּׁבִים בְּאוֹפֶן אַחֵר, וְאֵין כָּל עֵת שָׁוֶה בְּאוֹפֶן הַהִתְכַּלְּלוּת שֶׁל הָרוּחוֹת הַמְנַשְּׁבוֹת בָּעוֹלָם, וּמִכָּל שֶׁכֵּן בְּהִתְכַּלְּלוּת הַכְּלָלִים שֶׁמִּתְכַּלְּלִים מִד' רוּחוֹת יַחַד, שֶׁאִי אֶפְשָׁר לְהַשִּׂיג מֵאֵיזֶה טַעַם וְסִבָּה יֵשׁ שִׁנּוּיִים הָאֵלֶּה, וּמִי הוּא הַמְעוֹרֵר אֶת הָרוּחוֹת לִנְשׁוֹב לִפְעָמִים בְּאוֹפֶן כָּךְ, אוֹ כָּךְ, וְאִם כֵּן בְּוַדַּאי בְּהֶכְרַח לוֹמַר שֶׁיֵּשׁ בְּחִינַת מָקוֹר כְּלָלִי שֶׁהוּא לְמַעְלָה מִכָּל הָרוּחוֹת שֶׁהוּא הַמַּנְהִיג לְכוּלָּם בְּאֵיזֶה אוֹפֶן יוּכְלְלוּ זֶה עִם זֶה, בְּכָל עֵת וּזְמַן לְפִי הַנִּצְרָךְ לָעוֹלָם, בְּאוֹפֶן גִּידּוּל וּצְמִיחָה וְחִיּוּת כָּל חַי, שֶׁאֵין קִיּוּם לָעוֹלָם בְּלֹא רוּחוֹת הַמְנַשְּׁבוֹת,)וּלְפִי אוֹפֶן מְזִיגַת הָרוּחוֹת בְּאוֹתוֹ אַקְלִים כָּךְ יִהְיֶה, אוֹפֶן קִיּוּם חַיּוּת כָּל חֶלְקֵי דצח"מ שֶׁבְּאוֹתוֹ אַקְלִים, אוֹ מָקוֹם בִּפְרָט בָּאֲוִיר הַמְמוּזָּג מָקוֹר, וְחוֹם, וְלַחוֹת, וְיַבְּשׁוּת(וְגַם רוּחַ יְחִידִי שֶׁמְּנַשֵּׁב מִצַּד אֶחָד מִן הַמִּזְרָח, אוֹ מַעֲרָב, וְצָפוֹן וְדָרוֹם, גַּם הוּא יִתְכַּלֵּל בְּרוּחַ שֶׁכְּנֶגְדּוֹ בְּאוֹפֶן פְּרָטִי עַל פִּי הַשְׁגָּחָה הָאֱלֹהִי"ת מִמָּקוֹר הָרוּחוֹת הָעֶלְיוֹנִים הָרוּחָנִיִּים, וּכְמוֹ הָרוּחַ שֶׁלִּפְנֵי יְרִידַת הַגְּשָׁמִים שֶׁמַּעֲלֶה הַנְּשִׂיאִים בְּרוּחַ וְיוֹרִידוֹ גְשָׁמִים בָּזֶה, יֵשׁ גַּם כֵּן שִׁנּוּיֵי אוֹפַנִּים שׁוֹנִים בְּאֵיזֶה מָקוֹם וְאֵיזֶה זְמַן יָשִׁיב הָרוּחַ וְיוֹרִיד הַגֶּשֶׁם, כְּמוֹ שֶׁאוֹמְרִים מַשִּׁיב הָרוּחַ וּמוֹרִיד הַגֶּשֶׁם. וְזֶהוּ תַּעֲנִית ג. ב(זִיקָא דְּקַמֵּי מַטְרָא לְהוֹרִיד הַמָּטָר מִן הֶעֲנָנִים. וְיֵשׁ זִיקָא דְבָתַר מִיטְרָא לְהַעֲלוֹת הָאֵדִים מִן הָאָרֶץ, כִּי יֵשׁ בָּרוּחַ עֲלִיָּה וִירִידָה, כְּמוֹ שֶׁעַל יְדֵי הָרוּחַ בַּיָּם מִתְרוֹמְמִים גַּלֵּי הַיָּם, וְנִשְׁקָטִים עַל יְדֵי הָרוּחַ, כְּמוֹ שֶׁכָּתוּב)תְּהִלִּים פט, ו(בְּשֹׂוֹא גַּלָּיו כוּ')כְּמוֹ שֶׁיִּתְבָּאֵר(, וּכְמוֹ כֵן בְּד' רוּחוֹת הָעוֹלָם הָרוּחָנִי הָעֶלְיוֹן, שֶׁיֵּשׁ מָקוֹר כְּלָלִי לְהַנְהִיג לְכוּלָּם וְלַעֲשׂוֹת בָּהֶם הַהִתְכַּלְּלוּת בְּאוֹפַנִּים רַבִּים וְשׁוֹנִים)כְּמוֹ שֶׁיִּתְבָּאֵר(, וּכְמוֹ בִּתְחִיַּת הַמֵּתִים שֶׁיִּחְיוּ עַל יְדֵי הָרוּחַ הָאֱלֹהִ"י, אָמַר)יְחֶזְקָאל לז, ט(מֵאַרְבַּע רוּחוֹת בֹּאִי הָרוּחַ וּפְחִי בַּהֲרוּגִים כוּ'. וְזֶהוּ שֶׁאָמַר כִּי כְאַרְבַּע רוּחוֹת הַשָּׁמַיִם פֵּרַשְׂתִּי אֶתְכֶם, וְלֹא אָמַר בְּאַרְבַּע רוּחוֹת כוּ', שֶׁלָּזֶה אָרַז"ל כְּשֵׁם שֶׁאִי אֶפְשָׁר לָעוֹלָם בְּלֹא רוּחוֹת כוּ', הַכַּוָּונָה בָּזֶה לִרְמוֹז עַל שׁוֹרֶשׁ הַכְּלָלִי לְכָל הַד' רוּחוֹת, שֶׁמַּנְהִיג לְכוּלָּם, וְעוֹשֶׂה בָּהֶם סֵדֶר וְאוֹפֶן הַהִתְכַּלְּלוּת זֶה עִם זֶה, וּמִד' הָרוּחוֹת יַחַד כַנ"ל, שֶׁזֶּהוּ בַּשֵּׁם הוי"ה שֶׁלְּמַעְלָה מֵהִתְחַלְּקוּת הַשֶּׁפַע, בִּבְחִינַת מָקוֹם וּזְמַן וְהוּא הַמָּקוֹר הָרִאשׁוֹן שֶׁמִּמֶּנּוּ נִמְצָא כְּלָלוּת הָרוּחוֹת שֶׁבְּד' סִתְרֵי עָלְמָא, שֶׁנִּמְשָׁךְ מִלְמַעְלָה מִבְּחִינַת עוֹלָם, וּכְמַאֲמָר)בְּרָכוֹת יג, ב(שֶׁתַּמְלִיכֵהוּ בַּשָּׁמַיִם, וּבָאָרֶץ וּבְד' רוּחוֹת הָעוֹלָם, שֶׁהוּא הַכַּוָּונָה בְּדַל"ת רַבָּתִי דְּאֶחָד כוּ', וְהוּא הַמַּנְהִיג בְּסֵדֶר הִתְכַּלְּלוּת הָרוּחוֹת בְּאוֹפַנִּים רַבִּים. שֶׁזֶּהוּ אָ"ח דְּאֶחָד, ז' רְקִיעִים, וָאָרֶץ, שֶׁהוּא הַחֵי"ת, וְהָאָלֶ"ף, אֲלוּפוֹ שֶׁל עוֹלָם כוּ'. וְיָדוּעַ דְּשֹׁרֶשׁ נִשְׁמוֹת יִשְׂרָאֵל הוּא בַּשֵּׁם הוי"ה דּוּקָא, כְּמוֹ הוי"ה אֱלֹהֵי"נוּ כוּ', כִּי)מִשְׁלֵי כ, כז(נֵר הוי"ה נִשְׁמַת אָדָם, וְעַל כֵּן אָמַר כִּי כְאַרְבַּע רוּחוֹת הַשָּׁמַיִם, שֶׁמְּקַבְּלִים מִמְּקוֹר הַכּוֹלֵל יַחַד בִּבְחִינַת שֵׁם הוי"ה, הֲרֵי גַם בְּנֵי יִשְׂרָאֵל בְּשָׁרְשָׁם בְּחִינַת מָקוֹר כּוֹלֵל לְכָל הָעוֹלָם, עַל כֵּן כְּשֵׁם שֶׁאִי אֶפְשָׁר לָעוֹלָם בְּלֹא רוּחוֹת כוּ', וְעַל כֵּן אָמַר כִּי כְאַרְבַּע רוּחוֹת כוּ', וד"ל. וְהוּא עַצְמוֹ הַטַּעַם שֶׁפִּיזּוּרָן בְּד' רוּחוֹת הָעוֹלָם, לְפִי שֶׁבָּהֶם תָּלוּי אוֹפֶן סֵדֶר הִתְכַּלְּלוּת כָּל הַד' רוּחוֹת, כְּפִי שָׁרְשָׁם לְמַעְלָה בי"ב צֵירוּפִים דְּשֵׁם הוי"ה כַנ"ל, וד"ל.

94

הַגָּהוֹת וּבֵיאוּרִים)ג(– עַיֵּין בַּזּוֹהַר פָּרָשָׁה וָאֵרָא דַּף כ"ד.

95

כְּלָל – כָּל מָקוֹם שֶׁהָרַב ז"ל מַזְכִּיר כְּלָלוֹת ז"א, הַכַּוָּונָה בְּיַחַס לְעוֹלַם הָאֲצִילוּת.

96

כָּל עוֹלָם מֵעוֹלָמוֹת אֲבִי"ע הוּא בַּעַל ה' פַּרְצוּפִים, שֶׁהֵם א"א, או"א, וזו"ן. כַּאֲשֶׁר א"א הוּא הַכֶּתֶר שֶׁל אוֹתוֹ עוֹלָם, אַבָּא חָכְמָה, אִימָא בִּינָה, ז"א – ו"ק שֶׁהֵם חג"ת נה"י, נוּקְבָא – מַלְכוּת.

אלא **שֶׁבְּבוֹזִינַת**[98] ר"ל שז"א מקבל את בחינת ה**רוזז** שהם בחינת מוחין דגדלות, והם שמות הוי"ה **נִשְׁלָם לַעֲשָׂרָה** ספירות שלמות על ידי עליית פרקין[99], **לכן**[100] **גם** ר"ל כל **הָאוֹתִיוֹת אֵינָם רַק**

תרשים ו – כ"ח.

[97]

כרם שלמה ש"ה פ"ו אות ז' – מה שנקרא ז"א בן ו"ק דהיינו חג"ת נה"י, זהו בתחילתו קודם תיקונו, וקודם שבא לו מוחין. ואפילו כשבא לו המוחין נקרא בן ו"ק לגבי כללות האצילות, שהוא סוד הכלים שלו. מתחילה היו ו"ק ואחר כך נעשו עשר ספירות באופן זה, דהיינו ב' פרקים עילאין של חסד ושל גבורה עלו ונתחברו עם ב' פרקים עילאין של נצח והוד דאימא, אשר בתוכם מוח חו"ב של ז"א, ונעשו ב' ספירות של ג' פרקין, ונעשו ב' ספירות של חו"ב של ז"א. נמצא שמן חסד וגבורה שלו, שהם בחינת גוף, נעשו כלי וגוף גם כן לחו"ב שלו. נמצא שהחסד שלו יקרא רישא דיליה, וזה שכתוב כי רישא דמלכא בחסד וגבורה אתתקן, ר"ל רישא דמלכא, שהראש שהם החו"ב, נתקנו ונעשו מהחסד והגבורה שלו, שהם ב' פרקים עילאין שלהם.

[98]

בית לחם יהודה ש"ה פ"ו – אלא שבבחינת רוח נשלם לעשרה. מבואר בסמוך שעל ידי מוחין דגדלות, שהם שם מ"ה נשלם בי' ספירות.

[99]

בסוגית עליית פרקין כאשר ז"א מקבל בחינת מוחין דגדלות, המוחין דז"א מתלבשים תוך נה"י דבינה (אשר בתוכו מלובש נה"י דחכמה, ובתוכם מוחין דז"א עם הצלמים) לפני שהם ניתנים לז"א. כל חלק נה"י דבינה מתחלק לג' פרקים, כאשר הפרק הראשון דנצח, הנקרא חכמה דנצח דבינה מתלבש בב' פרקין עליונים דחסד דז"א, ועל ידי ג' בחינות אלו, שהם פרק עליון דנצח דבינה וב' פרקין עליונים דחסד דז"א נעשה חיצוניות ספירת חכמה דז"א. פרק אמצעי דנצח דבינה, הנקרא חסד דנצח דבינה מתלבש בפרק תחתון דחסד דז"א ובפרק עליון דנצח דז"א, ועל ידי ג' בחינות אלו נעשה חיצוניות חסד דז"א. פרק תחתון דנצח דבינה, הנקרא נצח דנצח דבינה, מתלבש בב' פרקים תחתונים דנצח דז"א, ועל ידי ג' בחינות אלו נעשה חיצוניות דנצח דז"א. ועל דרך זה בג' פרקים דהוד דבינה, וג' פרקים דיסוד דבינה.

לכן, לפני שז"א מקבל מוחין הוא במצב של קטנות, והוא בבחינת ו"ק, ויש בו ג' פרקין בכל ספירה, וביחד הם י"ח פרקין. ומוחין דגדלות דז"א עומדים מעליו בתוך נה"י דאימא.

תרשים ו – כ"ט.

בשלב זה י"ח פרקין דז"א נחלקים לתשע חלקים, כאשר ב' פרקין עליונים דחסד הם חלק אחד. פרק ג' דחסד ופרק א' דנצח, הם חלק שני. ב' פרקים תחתונים דנצח הוא חלק ג'. וכן הוא בתפארת ויסוד, ובגבורה והוד.

תרשים ו – ל.

ג' פרקין דנה"י דאימא מתלבשים בז"א, והם בחינת ג"ר דכל חלק מתשעה חלקי ז"א. כך ז"א הופך להיות פרצוף שלם בעל ט' ספירות, וזה בחינת גדלות דז"א.

תרשים ו – ל"א.

מרן הרש"ש סידר את עליית פרקין דז"א בתפילת העמידה בסידורו הקדוש.

ע"ח שכ"ג פ"ז מ"ק דק"ח ע"ג – ונראה כי הג"ר שהם חב"ד דז"א עצמו, הם המוחין, והם הנקראו פנימית, אך החיצונות אפילו בראש עצמו נקרא ו"ק דז"א, ובזה תבין מה שכתוב במקום אחר כי לעולם אינו רק ו"ק דחיצוניות, ונגדלין ונחלקים לפרקים, ומהם עצמן נעשה ג"ר. נמצא כי בחינת החיצונית אינו רק ו"ק לבד, אלא שנחלקים לעשרה ספירות, אך המוחין הם הפנימים הם עשרה ספירות גמורות. נמצא שמתלבשים עשרה ספירות גמורות פנימים בו"ק חיצונים, ועל ידי הרושם שעושין עשרה ספירות פנימים המתלבשות בתוכם נרשם בו"ק בחינת עשרה ספירות גם כן, אך אינם רק ו"ק לבד בחיצונית. נמצא כי החסד הקצה הראשון דחיצונות, נכנס ספירת החכמה שלימה דפנימית בשתי שלישים הראשונים שבו, ונקרא ספירה גמורה אחת אף בחיצונות, עם שאינו רק שתי שלישים. ושליש התחתון דחסד עם שליש ראשון דנצח דחיצונות, נכנס בהם ספירה שלימה דחסד דפנימית, ונקרא החיצונית גם כן ספירה גמורה על ידי הפנימית. ושתי שלישים תחתונים דנצח דחיצונות, נכנס בהם ספירה שלימה דנצח דפנימית, ונקראו חיצוניות גם כן ספירה גמורה על ידי הפנימית. ועל דרך זה בקו שמאל, **ובקו האמצעי**, והבן זה היטב.

בו"ק, אפילו שבתחילת הדרוש הרב ז"ל כתב כי אות ש' מאותיות אמ"ש היא בראש, ואותיות בג"ד כפר"ת הם בשבעת הנקבים שבראש, ורק הי"ב אותיות הפשוטות הם בגוף, עם כל זה כל הבחינות האלו הם בחינת חיצוניות ז"א, והם בחינת ו"ק, ורק על ידי הרוח שהוא בחינת מוחין דגדלות הוא נשלם לי' ספירות, אז אפשר ליחס את האותיות גם לג"ר, עם כל זאת רק בבחינת חיצוניות, שהם הכלים דפרצוף ז"א, ולא בפנימיותו.◆

לכן[101] לפי סוגית עליית פרקין[102] **אות א'** שהיא האות הראשונה בכ"ב האותיות **מתגזיל[103] בזזיסד** כאשר ז"א הוא במצב קטנות ונקרא ו"ק, ואות **א'** מתחילה בחכמה כאשר ז"א במצב גדלות, כאשר ב' פרקין עליונים דחסד

ע"ח ח"ב שכ"ב דרוש שישי די"ב ע"א – ועתה נבאר צ' דצלם שנעשית מנה"י הראשונים דתבונה השלישית. שהיא השניה. והנה האורות שהם המוחין דז"א מתלבשין בתוכם, והלבוש נגרר אחר הרוחניות וטפל לו, ולכן הכל נחשב ומתייחס לגוף הז"א ולא אל התבונה, והלבוש מסתלק מטבעו הראשון שהיה של תבונה, ונעשה טבע הז"א עצמו, וחוזרין להיות גופא דז"א ממש, ונקרא עצם מעצמו ובשר מבשרו, כי הגוף מתנהג אחר הרוחניות אשר בתוכם. לכן העשרה ספירות דז"א הם נחשבין מחכמה ולמטה הנקרא ראשית כנזכר לעיל, ולא מן הכתר, וגם לא מן החסד ולמטה, אלא מהחכמה למטה, כי הכל נחשב כגוף הז"א עצמו, והם חב"ד חג"ת נה"י, והבן זה הכלל. ובזה תבין מה שאמרתי לך בסוד הגדלות דז"א על ידי כניסת המוחין האלו, כי בתחלה היו ו"ק לבד, ונגדלו ונעשו תשעה ספירות, והוא על ידי שלוש ספירות דנה"י אימא שנכנסו לתוכו, ונעשה תשעה ספירות, ולולי שנחשבין מגוף ז"א עצמו ובשר מבשרו, איך יגדל על ידם. אמנם אחר שאינם עתה בשר אימא, אלא בשר ז"א לבדו, לכן נגדל הז"א הגדלה ממשית, כי פרק ראשון דנצח תבונה מתערב עם שתי פרקים דחסד דז"א, ונעשה חכמה דז"א. ופרק אמצעי דנצח מתערב עם פרק תחתון דחסד, ופרק ראשון דנצח ז"א, ונעשית חסד דז"א. ופרק תחתון דנצח אימא מתחבר עם שתי פרקים תחתונים דנצח ז"א, ונעשה נצח דז"א. וכן על דרך זה בשני ספירות אחרות, עד שנעשה בן תשעה ספירות גמורות שלו ממש, ונמצא כי אלו המוחין הם מתפשטין בכל תשעה ספירות דז"א, ויש להם שני לבושין, אחד לבושי נה"י דתבונה, ושני לבושין מגופא דז"א, אשר בתוכם מתלבשים נה"י דתבונה. ונמצא היותן לבוש תוך לבוש, ועם כל זה עיקר המוחין אינם רק אותן שבחב"ד דז"א, כי שאר המוחין המתפשטין דרך קוין אינם מוחין ממש, ונתבאר זה במקומו בע"ה.
100

בית לחם יהודה ש"ה פ"ו – לכן גם האותיות. פירוש לכן גם כל הכ"ב אותיות כולם אינם רק בו"ק דז"א.
101

בית לחם יהודה ש"ה פ"ו – לכן אות א'. דאמ"ש עיקרו מתחיל וכו'.
102

אפילו שאנו אומרים כי ב' פרקין העליונים דחג"ת עלו לעשות מוחין לז"א, כדי שהפרצוף ז"א יהיה בן י' ספירות ולא בן ו"ק, עם כל זאת, עליית פרקין אלו לא בונה את המוחין ממש, אלא היא רק בחינת הו"ק של המוחין עצמם, ולא המוחין.

נהר שלום די"ג ע"ב – גם הו"ק דכל פרט נקרא חיצוניות בערך הג"ר, והכל ענין אחד, כי הו"ק נקראים כלים, כי הכלים דכל העשר ספירות הם מן הו"ק, שנחלקין לתרין תרין פרקין, להיות כלים לכל העשר ספירות כנודע, וכל אורות הם מן הג"ר שמתפשטים ומתלבשים בכל העשר ספירות, שהם אותם התרין תרין פרקין. וגם אחר ההתחלקות וההתפשטות הנזכר לא נשתנו האורות והכלים ממכמו שהיו, כי התרין פרקין דכל כלי מן הו"ק שנעשו כלי לכל פרט, אינם אלא בחינת ו"ק לאותו הפרט, והאור שהוא פרק א' מן הג"ר דאותו הפרט. וכן על דרך זה הולכים ומתחלקים ונפרטים הכלים והאורות הנזכרים לאין קץ, ואינם משתנים כלל ממכמו שהיו, אלא שבזה עולים ומתבררים יותר, ומזככים יותר.
103

כרם שלמה ש"ה פ"ו אות ז' – ואות **א'** מתחיל מן החכמה, שהוא היה תחילתו חסד, וזה שכתב הרב ז"ל כאן לכן אות **א'** מתחיל בחסד. ומה שנזכר במקום אחר שהוא חכמה, ר"ל בחלל כלי החכמה שהיה תחילתו חסד, ואם כן האות **א'** הוא ראשון לאותיות יקרא שהוא בחסד, ויקרא שהוא בחכמה, ומטעם זה גם כן כל האותיות

מתחברים עם פרק עליון דנצח דאימא, אשר בתוכו המוחין דז"א, ונעשת ספירת חכמה דז"א. ספירת חכמה היא חלק מהג"ר, והג"ר הם אותיות אמ"ש[104], **כנזכר** בספר הזהר הקדוש בפרשת **בתרומה דקנ"ט** ע"ב[105], ושם רמוזה סוגית עלית הפרקין, כאשר חו"ב דז"א מתקנים על ידי ב' פרקין עליונים של חסד וגבורה דז"א, ונעשים מוחין לז"א, וגם כמובן בחינת מוח הדעת דז"א נעשה על ידי ב' פרקין עליונים דתפארת דז"א[106], **גם בזוהר** חדש

יקראו בשם ו"ק, והם גופא, אף על פי שעכשיו הם בכל העשר ספירות, מפני שכל העשר ספירות של הגוף נבנו ונתקנו מהו"ק.
104

כך הרב ז"ל מבאר בפרק ז' דשער זה.
ע"ח ש"ה פ"ז מ"ק דכ"ד ע"א – הנה נודע מן הכתוב לעיל כי הם ג"ר שהם יסודות אל ז"ת.
105

זהר תרומה דקנ"ט ע"ב תרגום והסבר – **לבתר אתבנון אתוון** אחר כך נבנו האותיות, כלומר **א' דהוה בקדמיתא בסטרא דימינא** אות א' של שם א' היתה בהתחלה בצד ימין שהוא ספירת החסד.
106

סוגית עלית פרקין מובאת בדברי קודשו של הרב ז"ל בכמה מקומות, ומרן הרש"ש הביא סוגיה זאת הלכה למעשה בסידורו הטהור בברכה הראשונה דעמידה.

תרשים ו – ל"ב.

ע"ח ח"ב שכ"ט פ"ד מ"ב דכ"ב ע"ג – ונבאר עתה עתה ענין ז"א בעצמו איך נתפשט ונתגדל, כי הנה כל שיעורו בינוקא אינו אלא ו"ק, חג"ת נה"י. ובהתלבש בתוכו נה"י דתבונה, נמצא כי שיעור חצי התבונה שהם נה"י גדולים, ככל הז"א שהם חג"ת נה"י, והיא נכנסת תוך הז"א. והנה בבא נצח דתבונה להתלבש בחסד ונצח דז"א, ויש בו ג' פרקים, צריך שחסד ונצח דז"א יתחלקו לג' בחינות, וחלק העליון יהיה חכמה והב' חסד. והג' נצח ובתוכם יתלבשו ג' פרקי נצח דתבונה. וכן על דרך זה בהוד דתבונה המתלבשת בגבורה והוד דז"א, שיתחלקו לג' בחינות ונעשה בג"ה לז"א. אמנם קו האמצעי דז"א שהם תפארת ויסוד לא הוצרכו להתפשט אל ג' בחינות, כי גם התבונה אין בה רק תרין פרקין, יסוד ועטרה, לכן לא נחלק לג' בחינות אלא לב' כמו שהם. אך מה שנתחדש בהם הוא שהשתפארת דז"א נתעלה ונעשה בחינת דעת שבו, והיסוד שבו נתעלה ונעשה בחינת תפארת שבו, ובתוכם נתלבשו יסוד ועטרה דתבונה. ובזה תבין למה אמא עלאה אתקריאת מדה, כי הלא היא המודדת וקוצבת קצבה בז"א, כי הנה בהתפשטות פרק א' שבה תוך ז"א, נעשה בה ספירה אחת שלימה, כי הרי אף על פי שהוא קו ימין או שמאל של ז"א, לא היה בו רק ב' ספירות, ונעשה ג' ספירות, בכח הג' פרקים של נצח, ושל הוד דתבונה, הנכנסים שם. ונמצא כי שיעור וקצבת המקום תלוי בה, ולא בו. ובזה תבין איך משלים דז"א נעשו ג', כי עד המקום שנכנס פרק א' דתבונה נעשה ספירה אחת שלימה, וזהו ענין האמה המודדת ונעשה מדה לכל היריעות, על ידי התפשטות בתוכו ונותנת קצבה בו, ואומרת מכאן ועד כאן יהיה חכמה, ומכאן ועד כאן יהיה חסד, כו'. וזה סוד מדה אחת לכל היריעות, ואין מדידתה מבחוץ אלא בהתלבשותה בתוכו כנ"ל. והנה עם הנ"ל יובן מה שכתוב פרשה משפטים דף קכ"ב - רישא דמלכא אתתקן בחסד וגבורה, כי כבר נתבאר במקומו כי ענין התיקון הוא המעטת האור והתעבותו, אחר התלבשותו תוך בחינה אחרת, והנה רישא דמלכא שהם מוחין דז"א דגדלות, נתקנו ונתלבשו תוך חסד והגבורה דז"א כנ"ל, כי מהחלקים עליונים דחסד גבורה דז"א, שהם של ו"ק, על ידי כניסת ב' פרקין עליונים דנצח הוד דתבונה, נעשו בו ב' בחינות חכמה ובינה, ובהם נתלבשו ונתקנו המוחין כנ"ל. והענין כי מאלו הב' חלקים דחסד גבורה דז"א נעשו תרין חללי דגלגלתא דיליה, שהם הכלים המקבלים בתוכם את המוחין הנ"ל, הנקרא חכמה ובינה באמצעית ב' פרקים עליונים דנצח הוד דתבונה הנ"ל. והנה גם מהתפארת דז"א עצמו נעשה החלל הג', כלי המקבל בתוכו מוח הדעת, באמצעית יסוד דתבונה כנ"ל. ואם כן היה ראוי שיאמר רישא דמלכא אתתקן בחג"ת, אך הטעם לזה כי הנה הוא כללות דחסד גבורה, כי הוא המכריע ביניהן, בסוד שמים, אש ומים. נמצא כי באומרו חסד גבורה הרי תפארת נכלל בהם. ועוד יש לומר כי הנה היסוד אמא שבו הדעת, והוא מתלבש תוך התפארת דז"א, והיא אינו ממש כמו יסוד הזכר, רק אויר וחלל לבד, כי אשר בתוכם נכנס יסוד הזכר כנודע, וכדלקמן בע"ה, ואין בו ממשות, לכן לא נזכר רק החכמה בינה המתלבשים בחסד גבורה, מה שאין כן ביסוד שבו הדעת. ואמנם קריאת רישא דמלכא אל המוחין האלו, ולא אל הכלים עצמן, שהם ב' חלקים העליונים דחסד גבורה, שנעשו תרי חללי דגלגלתא כנ"ל. הטעם הוא כי הנה הז"א בעצמו אין לו רישא, כי הרי כל עצמו אינו רק ו"ק, על כן נקרא

שִׁיר הַשִּׁירִים ד"פ ע"א[107] נתבאר **גַבֵּי** הפסוק[108] **הֱבִיאַנִי הַמֶּלֶךְ חֲדָרָיו, בָּאִדְרָא** צ"ל **תְנִיָּנָא** בחדר השני, וז"ל **כ"ב אַתְוָון מִתְפַּשְׁטִים** כ"ב אותיות התורה מתפשטים **וְשַׁרְיָין לְאִתְנַהֲרָא מֵרֵישָׁא דִנְהוֹרָא קַדְמָאָה**[109] ומתחילות להאיר מראש האור הראשון, שהוא אור החסד, **וכו'. כי**[110] **כְּבָר יַדְעַת כִּי רֵישָׁא דְּמַלְכָּא** ראש המלך, שהוא ז"א, והראש הוא בחינת מוחין **בְּחֶסֶד וּגְבוּרָה אִתַּתְקָן** וזה נעשה על ידי עליית פרקין **וכו'**, כמו שמבואר באידרא דמשכנא[111] אשר נמצא בספר הזהר **בְּפָרָשַׁת מִשְׁפָּטִים דִּקכ"ב** ע"ב[112]. **נִמְצָא כִּי כָּל הכ"ב אַתְוָון**

ו' דְּשְׁמָא קַדִּישָׁא, וכן ו' שַׁבְּתוּךְ ה' עִלָּאָה, שאין בו ראש. נמצא כי רישא דיליה הם בחינת המוחין אלו, כי הג' חללים הם מהו"ק עצמן שנגדלו, אך כל עצמו אינו רק ו"ק, והבן זה מאד איך אין בז"א רק ו"ק, לכן נקרא ו' דהוי"ה כנזכר במקום אחר. והנה נתבאר התפשטות ז"א, והתפשטות דתבונה בתוכו.
107

זהר חדש, שיר השירים ד"פ ע"א תרגום והסבר – **הביאני המלך חדריו, אלין אינון** אלו הם **חדרי גן עדן,** ובמאמר הזה של הזהר הרב ז"ל מבאר את החדר השני.)**דפ"א ע"א(חדרא תנינא** החדר השני......אחרי שהרשב"י ביאר את עשרה המאמרות, שהם עשרה הנתיבות הראשונים, מבאר רשב"י את כ"ב האותיות. **ועשריין ותריין אתוון מתפשטין** וכ"ב אותיות התורה מתפשטים, **ושריין לאתנהרא מרישא דנהורא קדמאה** מתחילות להאיר מראש האור הראשון שהוא אור החסד, הנרמז באות א' של השם א"ל, שהוא בחסד, **ברזא דיחודא** בסוד היחוד, כי כל האותיות מתיחדות באות א', **דתמן אתוון לאתגליא** מפני שמהחסד מתחילות להתגלות האותיות, **ומתמן נהרין אתוון** ורק מהחסד ולמטה מאירות האותיות, **וסלקא א' רזא דכל אתוון ברזא דאחד** ועולה אות א' בסוד כל האותיות, והיא בסוד היחוד.
108

שיר השירים א' ד' – משכני אחריך נרוצה **הביאני המלך חדריו** גילה ונשמחה בך נזכירה דדיך מיין מישרים אהבוך.
109

כלל – נהורא קדמאה בכל מקום בזהר הקדוש הוא אור החסד.
110

בית לחם יהודה ש"ה פ"ו – כי כבר ידעת כי רישא דמלכא בחו"ג אתתקן. מבואר בפרק ו' דשער כ"ה, כי בתחלה היה ז"א ו"ק לבד, ועל ידי שנכנסו בו נה"י דאימא, נגדל ונעשה בי' ספירות, כי פרק א' דנצח דאימא נתערב עם ב' פרקין עלאין דחסד דז"א, ונעשה חכמה דז"א. ופרק אמצעי דנצח דז"א ונעשה חסד דז"א. ופרק התחתון דנצח דאימא נתערב עם תרין פרקין דנצח דז"א, ונעשה נצח דז"א. וכן על דרך זה בשני קוין האחרים דז"א, עד שנעשה בט' ספירות גמורות. נמצא כי החב"ד שהם רישא דז"א, הנקרא מלכא, הם נתקנו מחו"ג הראשונים שלו, יעו"ש.
111

מתוק מדבש, הקדמה לאדרא דמשכנא, זהר פרשת משפטים דקכ"ב ע"ב - אדרא דמשכנא היא חבור קדמון מהראשונים שהיו קודם רשב"י, שדברו בלשון קצר כמו שהיא כל אדרא זו, ונראה שרבי שמעון גלה ולמד אידרא זו לתלמידיו כמו שגלה להם ב' אידרות האחרות, ואידרא זאת נזכרת בריש אידרא רבא, בפרשת נשא דף קכ"ז ע"ב, בזה הלשון **וכבר עאלו באדרא דבי משכנא.**
112

זהר משפטים דקכ"ב ע"ב)אידרא דמשכנא(תרגום והסבר – **תניא ברזא דרזין** למדנו בספר רזא דרזין שהוא ספר סודי הסודות, **רישא דמלכא** ראש המלך שהוא ז"א, **אתתקן** נתקן ר"ל החו"ב שלו **בחסד ובגבורה** כי בשעת גדלות דז"א, ב' העליונים של חסד וגבורה עולים ומתחברים עם ב' שלישים עליונים דנצח והוד דאימא, אשר בתוכם המוחין דז"א, וגם ב' שלישים דתפארת דז"א עולים, ומלבישים את השליש העליון דיסוד דאימא, ועל ידי העליות אלו, נעשים ומתקנים המוחין דז"א, שהם חב"ד דליה, והם רישא דמלכא.

43

הֵם בְּעֶשֶׂר סְפִירוֹת[113] אחרי עליית פרקין, **וְעַצְמוּתָם**[114] **אֵינָם רַק ו"קֹ** לפני עליית פרקין, וגם כאשר יש עליית פרקין, הפרקין שעולים הם רק בחינת ו"ק של החב"ד ולא החב"ד עצמם. ר"ל שהם בחינת הכלים דחב"ד ♦

הרב ז"ל מבאר את סוד בחינת ד"ו פרצופים, נסירה, אחור באחור, ופנים בפנים, זיווג ועוד הרמוזים בדברי חז"ל[115]. לפי פשט דברי הרב ז"ל כאן כאשר זו"ן הם בבחינת קטנות הם נמצאים אחור באחור, וכאשר הם מקבלים מוחין דגדלות

113

הגהות וביאורים)ד(– ובסדר חילוקם הוא כך, ז' אותיות בימין, ז' אותיות בשמאל, וה' באמצע, כנזכר בספר הכוונות, בברכת אבות, דרוש ב'.

114

בית לחם יהודה ש"ה פ"ו – ועצמותם. פירוש ועיקרם.

115

הרב ז"ל מבאר כאן עד סוף הדרוש את בניו זו"ן וזיווגם הרמוז בדברי חז"ל.

זוהר בשלח דנ"ה ע"א עם תרגום וביאור – **רבי יצחק אמר, אדם דו פרצופין אתברי** אדם הראשון נברא בשני פרצופים, ר"ל זכר ונקבה בגוף אחד, **והא אוקימנא,** כבר פרשו חז"ל על הפסוק - **ויקח אחת מצלעותיו, נסרו הקדוש ברוך הוא** הקדוש ברוך הוא הפריד וחילק את האדם, ונעשו שתי גופין אחד זכר ואחד נקבה, **ואתעבידו תרין** ונעשו שני הגופים אחד **ממזרח** ואחד **ממערב, הדא הוא דכתיב** זה שכתוב בספר תהילים - **אחור וקדם צרתני, אחור דא מערב** אחור זה מערב, **וקדם דא מזרח** וקדם זה מזרח.

גמרא ברכות דס"א ע"א – כדר' ירמיה בן אלעזר דאמר ר' ירמיה בן אלעזר ברא הקב"ה באדם הראשון שנאמר אחור וקדם צרתני. ויבן הוי"ה אלהי"ם את הצלע, רב ושמואל, חד אמר פרצוף, וחד אמר זנב, בשלמא למאן דאמר פרצוף, היינו דכתיב אחור וקדם צרתני, אלא למאן דאמר זנב מאי אחור וקדם צרתני, כדרבי אמי, דאמר רבי אמי אחור למעשה בראשית, וקדם לפורענות. בשלמא אחור למעשה בראשית, דלא אברי עד מעלי שבתא, אלא וקדם לפורענות, פורענות דמאי, אילימא פורענות דנחש, והתניא רבי אומר בגדולה מתחילין מן הגדול, ובקללה מתחילין מן הקטן, בגדולה מתחילין מן הגדול דכתיב, וידבר משה אל אהרן ואל אלעזר ואל איתמר בניו הנותרים קחו וגו', בקללה מתחילין מן הקטן בתחלה נתקלל נחש, ולבסוף נתקללה חוה, ולבסוף נתקלל אדם. אלא פורענות דמבול, דכתיב וימח את כל היקום אשר על פני האדמה מאדם ועד בהמה, ברישא אדם והדר בהמה. בשלמא למאן דאמר פרצוף היינו דכתיב וייצר בשני יודי"ן, אלא למאן דאמר זנב מאי וייצר, כדרבי שמעון בן פזי, דאמר רבי שמעון בן פזי אוי לי מיוצרי אוי לי מיצרי. בשלמא למאן דאמר פרצוף ,היינו דכתיב זכר ונקבה בראם, אלא למאן דאמר זנב מאי זכר ונקבה בראם, כדרבי אבהו, דרבי אבהו רמי כתיב זכר ונקבה בראם, וכתיב כי בצלם אלהי"ם עשה את האדם, הא כיצד בתחלה עלה במחשבה לבראת ב' ולבסוף לא נברא אלא אחד. בשלמא למאן דאמר פרצוף היינו דכתיב **ויסגור בשר תחתנה,** אלא למאן דאמר זנב מאי ויסגור בשר תחתנה, אמר רבי ירמיה, ואיתימא רב זביד, ואיתימא רב נחמן בר יצחק, **לא נצרכה אלא למקום חתך.** בשלמא למאן דאמר זנב, היינו דכתיב ויבן, אלא למאן דאמר פרצוף מאי ויבן, לכדרבי שמעון בן מנסיא, דדרש רבי שמעון בן מנסיא מאי דכתיב **ויבן ה' את הצלע, מלמד שקלעה הקב"ה לחוה והביאה לאדם הראשון,** שכן בכרכי הים קורין לקליעתא בניתא. דבר אחר ויבן, אמר רב חסדא, ואמרי לה במתניתא תנא **מלמד שבנאה הקב"ה לחוה** כבנין אוצר, מה אוצר זה קצר מלמעלה ורחב מלמטה, כדי לקבל את הפירות, אף אשה קצרה מלמעלה ורחבה מלמטה, כדי לקבל את הולד. **ויביאה אל האדם,** אמר רבי ירמיה בן אלעזר מלמד שנעשה הקב"ה **שושבין** לאדם הראשון.

בראשית רבה, פרשה ח' א' – ויאמר אלהי"ם נעשה אדם בצלמנו כדמותנו, רבי יוחנן פתח אחור וקדם צרתני וגו', אמר רבי יוחנן אם זכה אדם אוכל שני עולמות, שנאמר אחור וקדם צרתני, ואם לאו הוא בא ליתן דין וחשבון, שנאמר)שם(ותשת עלי כפכה. אמר רבי ירמיה בן אלעזר, בשעה שברא הקדוש ברוך הוא את אדם הראשון, **אנדרוגינוס בראו, הדא הוא דכתיב זכר ונקבה בראם.** אמר רבי שמואל בר נחמן, בשעה שברא הקב"ה את אדם הראשון **דו פרצופים בראו, ונסרו, ועשאו גביים, גב לכאן, וגב לכאן.** איתיבון ליה והכתיב ויקח אחת מצלעותיו, אמר להון מתרין סטרוהי היך מה דאת אמר ולצלע המשכן, דמתרגמין ולסטר משכנא וגו'.

הם פנים בפנים. בעומק בדרוש הוא לא כך[116], אלא שיש ב' בחינות של גדלות, כמו שהתבאר. **נִמְצָא**[117] **כִי**

הָאוֹתִיּוֹת שהם הכלים **הֵם** בחינת **נֶפֶשׁ**[118] שהם בחינת חיצוניות וקטנות, וכל זה לפני שזו"ן מקבלים את בחינת

ע"ח שי"א פ"ו מ"ק דנ"ג ע"ג – היו"ד שבחכמה והם סוד ו"ד דיו"ד דאבא, שהוא גימטריא י', ושם אבא הדכורא גובר, לכן ו' קודמה לד', וזהו ו"ד. אך טפת הבינה נוקבא גוברת לכן גוברת ד' על ו', וזהו צורת ה', ד"ו, כי משם נלקחו האותיות ד"ו מן הבינה, שהיא ה', וזה סוד אדם הראשון ד"ו פרצופים בראו.
116

לפי פשט הדרוש נראה כי כאשר זו"ן הם בקטנות, הם עומדים אחור באחור, וכאשר הם מקבלים מוחין גדלות, הנוקבא ננסרת מז"א ובא לפנים. אלא בעומק דברי הרב ז"ל, כאשר זו"ן הם בבחינת קטנות הם עומדים פנים בפנים, כי אין פחד שהאחוריים שלהם מגולים, מפני שיש בהם שמות אלהי"ם ולא שמות הוי"ה, גם בפנים וגם באחור שלהם, ואין חשש שהחיצוניים ינקו מזו"ן. וכאשר זו"ן מקבלים גדלות א', שהם שמות הוי"ה, והם בחינת אחור דגדלות, זו"ן חוזרים לעמוד אחור באחור, מפחד החיצונים שיכולים לינוק משמות אלהי"ם הנמצאים באחוריים של זו"ן, ועל ידי יניקה זאת יבואו גם משמות הוי"ה הנמצאים בפנים, לכן עומדים זו"ן אחור באחור כדי שלא תהיה אפשרות לקליפות לינוק מהם, וידוע כי אין לחיצוניים יניקה משמות הוי"ה. וכאשר זו"ן ננסרים, וחוזרים לעמוד פנים בפנים, והם מקבלים מוחין דגדלות ב', שהם מוחין דפנים דפנים שלהם, אין פחד שהחיצוניים, אפילו שהאחורים דזו"ן מגולים לחוץ, מפני שגם בחינת האחור וגם בחינת הפנים דזו"ן הם שמות הוי"ה, וידוע כי שמות הוי"ה דוחים את הקליפות מלינק ולהיאחז בזו"ן.
תרשים ו – ל"ג.
ע"ח ח"ב שמ"א פ"ב דפ"ז ע"ג – נבאר ענין אחור באחור, הנה נתבאר כי החיצונים יונקים מן העור, הנקרא קליפת נוגה, והנה בהיות ז"א בסוד יניקה, אז החיצונים נאחזין שם מאד יותר מן הצורך, מאותן הניצוצין המאירין ועוברין דרך נקבי העור, **ואחר כך בהיותן בגדלות נמשכו בחינת מוחין דגדלות, אלא שהם עדיין בחינת דינין וגבורות קצת,** אז נמשכו בזו"ן חשמ"ל מבחינת נה"י תבונה הב' לבד כנודע, ואז החיצונית מבחינת הפנים חשמ"ל הנ"ל, אינם יכולים לינק, כי הם אור גדול ונכהים עיניהם, בסוד לא יתיצבו הוללים לנגד עיניך, אמנם מן האחוריים דחשמ"ל יכולין לינק, לכן המוחין הנמשכים אל הנוקבא הם נמשכין על ידי ז"א עצמו, אל האחור, כדי שעל ידי זה תלך אל הנקבה לאחור, **ויהיה אחור באחור בכותל העור** הנקרא קליפת נוגה גויל, כנזכר. וזה סוד משנה ראשונה בבבא בתרא - השותפין שבנו את הכותל בגויל, בגזית, ובכפיסין, ואז הקליפות מן הפנים אינם יכולין לינק, גם מהאחוריים אף על פי שהיו יכולין לינק מהם, עם כל זה כיון שהם דבוקים **אחור באחור יגשו, ורוח לא יבא ביניהם,** כי אין להם מקום לינק, רק דבר מועט מאד די חיותם, מבחינת נקבי העור כל שהוא, אך לא הרבה שיגברו על הקדושה ח"ו. ונמצא כי להיות **אלו המוחין גבורות והם בלתי שלימין** להיותן מבחינת נה"י לבד, וגם שהם מתבונה של התבונה, לכן הוכרחו להיות אחור באחור, ר"ל שימשכו אליה המוחין על ידו, ואז הוא מוכרח להיות דבוקים. ואחר כך מסתלקין ממנו, וניתנים אליה, כי משלה הם, שהם הגבורות, ונשארין בה וגדלת כל האחור כולו. **ואחר כך באים מוחין חדשים יותר גדולים** אל ז"א, והם חסדים בסוד אתי חסד, ופרוש לון, והרי הגבורות לחלקה, ומוחי החסדים הם לחלקו, ואז חוזרין פנים בפנים, כי האחוריים שלו כיון שעתה הם מבחינת חסדים, וגם שחשמ"ל של עתה אינו כחשמ"ל הראשון, ואינן יכולין לינק משם. אמנם מהחשמ"ל שבאחורייה שאינו רק מהארת חשמ"ל העור דז"א יונקים משם, אלא שהוא החיות המוכרח לקליפות בצמצום, כי מלכותו בכל משלה, וחפץ הוא בקיומם המוכרח. וסוד ענין זה דעהו, כי הנה מוכרח להמשיך חיות להמלכים שלא נתבררו, כי הם ניצוצין הקדושה, אך אינו נותן בהם רק די ספוקם לבד, אך לא דבר שנותר שיוותר אל הקליפה. אמנם כיון שהקליפות הם מחוברים יחד בסוד הקליפות החופפים בעור, לכן כיון גם הם ניזונים באמצעיות צמצום קטן מאד, לכן כשישלמו להתברר אז אינו חפץ בקיום הקליפות, ולא ימשוך להם אור כלל ועיקר, ואז יתבטלו הקליפות, וזה סוד בלע המות לנצח. והנה בכל המוחין החדשים שלקח אז עלה יותר, ואז אינה צריכה התבונה לרבוץ על האפרוחים בסוד חשמ"ל, להגן עליהם מהקליפות, כי כבר עלו זו"ן עד מקומם, ואז אינה רובצת.
ע"ח ח"ב שכ"ט פ"א ד"כ ע"ב – ענין הנסירה, הנה תחלה על ידי מוחין דקטנות היו דבוקים אחור באחור, לפי שעדיין אחוריים שלהם הם דינין של אלהי"ם, ואחר כך הפיל שינה לז"א, וחוזרין המוחין להסתלק ממנו, ונשאר בבחינת יניקה, שזהו השינה, והבן זה מאד.

גדלות הראשונה, ובמצב זה זו"ן נמצאים פנים בפנים, וגם בפנים וגם באחור דזו"ן יש שמות אלהי"ם, ומפני שאין חשש
שהחיצונים יאחזו בשמות אלהי"ם, וינקו מזו"ן, זו"ן עומדים פנים בפנים, **ואז**[119] כאשר באים המוחין הראשונים
דגדלות, שהם שמות הוי"ה, לאפוקי המוחין דגדלות ב', שהם גם בחינת שמות הוי"ה לפנים דזו"ן, ושמות אלהי"ם
נשארים באחור דזו"ן, אז **זו"ן הם** עוד נמצאים בבחינת קטנות, אולם בבחינה זאת הם דבוקין אחור באחור, שהם
שמות אלהי"ם באחור דזו"ן, ושמות הוי"ה בפנים דזו"ן, בזמן זה יש חשש שהחיצונים יאחזו באחורי זו"ן,
שהם שמות אלהי"ם וינקו מהם, ותהיה יניקה גם משמות הוי"ה הנמצאים בפנים דזו"ן, מפני לחיצונים יש אפשרות לינק
רק משמות אלהי"ם, אבל כאשר הם יונקים משמות אלהי"ם, הם מקבלים שפע משמות הוי"ה הנמצאים בפנים, **לכן**
זו"ן **הם** חוזרים ועומדים אחור באחור, בסוד **ד"ו פַּרְצוּפִים** והם אות ד' הרומזת לנוקבא שהיא דלה ועניה,
ואות ו' הרומזת לז"א שהוא בעל ו' ק, וזו"ן **נִדְבְּקִין יַחַד**[120] אחור באחור, וכותל אחד משמש לשניהם, כאשר
הפנים דז"א גלויים, ואחורי ז"א הם הדבוקים לאחורי הנוקבא, ופני הנוקבא מסנוורים את עיני החיצונים, כי החיצונים
לא יכולים להסתכל בפני הקדושה, בסוד הפסוק[121] לא יתיצבו הוללים לנגד עיניך[122], **אלא שזה** ר"ל אחור

בית לחם יהודה ש"ה פ"ו – נמצא כי באותיות הם נפש. שכל זמן שעדיין הם במוחין דקטנות, אין באותיות
שהם הכלים, רק בחינת נפש, שהם התגין, כי בחינת התגין הם מתחברים תמיד עם האותיות, כמבואר בפרק ה'
דלעיל.

כרם שלמה ש"ה פ"ו אות ח' – נמצא כי האותיות הם נפש, ואז זו"ן הם שמות אלהי"ם. ר"ל כשהאותיות הם
לבדם בלא רוח, בלא נקודות, שהם מוחין דגדלות, נקראים האותיות גוף עם נפש דוקא, שהם מוחין דקטנות
שכלולה עמהם, כי כל זמן שאין הרוח שם נקראים נפש דוקא, שנאמר בלא דעת נפש לא טוב, והואיל והם
מוחין דקטנות הנקראים נפש, הם שמות אלהי"ם, כי כן הקטנות הם שמות אלהי"ם.

בית לחם יהודה ש"ה פ"ו – ואז זו"ן הם שמות אלהי"ם. כי הכלים דקטנות דנפש אלהי"ם, כמו שכתוב
בפרק ה' דלעיל, ז"ל – שכבר ידעת כי כלים ונפש הם כולם בחינת אלהי"ם דקטנות, וכו'.

ע"ח ש"ה פ"ו פ"ו מ"ת דל"ט ע"א – אבל כאשר נאצלו ז"ת, עדיין לא היה אדם הראשון התחתון נברא בעולם,
יצאו זו"ן אחור באחור, מפני פחד החיצונים שלא יינקו, כי אם היו עומדים פנים בפנים היו לקליפות מקום
להתאחז במקום אחיזתן, שהמה אחוריים לינק, כי מפנים לא יוכלו לינק, ולכן הוצרכו להיות מתדבקים אחור
באור, כדי שלא יוכלו החיצונים לינק משם. וכאשר נברא אדם הראשון, ועשה מצות מעשיות, החזירם פנים
בפנים, ואז לא היה פחד מן הקליפות, כי כבר חפר, ועזק, סקל, וכרת קוצים מן הכרם. והנה בהיותם אחור
באחור אין לזו"ן רק כותל אחד לשניהם, וכותל אחד לבד מפסיק בין שניהם, ומשתמשין בכותל אחד, חצי
כותל לז"א, וחצי כותל לנוקבא.

תהילים ה' ו' – לא יתיצבו הוללים לנגד עיניך שנאת כל פעלי און.

ע"ח ח"ב ח"ב שמ"א פ"ב דפ"ז ע"ג – נבאר ענין אחור באחור, הנה נתבאר כי החיצונים יונקים מן העור,
הנקרא קליפת נוגה, והנה בהיות ז"א בסוד יניקה, אז החיצונים נאחזין שם מאד יותר מן הצורך, מאותן
הניצוצין המאירין ועוברין דרך נקבי העור, ואחר כך בהיותן בגדלות נמשכו בחינת מוחין דגדלות, אלא שהם
עדיין בחינת דינין וגבורות קצת, אז נמשכו בזו"ן חשמ"ל מבחינת נה"י לבד כנודע, ואז החיצונים
מבחינת הפנים חשמ"ל הנ"ל, **אינם יכולים לינק, כי הם אור גדול ונכהים עיניהם, בסוד לא יתיצבו הוללים
לנגד עיניך**, אמנם מן האחוריים דחשמ"ל יכולין לינק.
תהילים ה' ו' – לא יתיצבו הוללים לנגד עיניך שנאת כל פעלי און.

דנוקבא ב**אזור** דז"א, והפנים דנוקבא מול החיצונים, **וזה** ר"ל ז"א הוא בחינת **קדם**[123] והוא בחינת הפנים בערך הנוקבא. **אך בבא** מוחין דגדלות ב', שהם **הוי"ת, שהם רוזז** והם בחינת הנקודות, **והם סוד המוחין** דגדלות דז"א כידוע, **אז נגדל הז"א, ואז נעשו** צ"ל נעשה **בן עשר ספירות גמורות** בבחינת עצמות הספירות, **ואף בבחזינת הכלים** של הספירות, על ידי עלית פרקין[124]. ובגלל שזו"ן עומדים אחור באחור, ועתה אחרי שזו"ן קיבלו מוחין דגדלות, וכדי שיהיה זווג בין ז"א לנוקבא, הם צריכים לעמוד פנים בפנים, **ואז נסרת הנקבה**[125] שהיתה דבוקה אחור באחור בז"א **ממנו** בסוד דורמיטא[126], שהיא התרדמה, **ו**אפילו שהנוקבא קיבלה מוחין דגדלות, שהם שמות הוי"ה, עם כל זאת הנוקבא בערך ז"א נקראת אלהי"ם, והחיצונים לא יכולים לינוק ממנה. לכן **לקחזה** הנוקבא **הדין של** שמות **אלהי"ם** שהם בחינת מלכויות דנה"י דז"א[127], **והזוכר** שהוא ז"א לקח את שמות **הוי"ת, ואז נקראו**[128] זו"ן

123

תהילים קל"ט ה' – אחור וקדם צרתני ותשת עלי כפכה.

124

כרם שלמה ש"ה פ"ו אות ט' – ר"ל כשהיה לו לז"א מוחין דיניקה, שהם מוחין דקטנות, אז היו בו ב' פרצופים לבד, פרצוף הנה"י, שהוא פרצוף החיצון, ופרצוף החג"ת, שהוא פרצוף האמצעי, ואז נקרא גם כן בו ו"ק. אך בבא המוחין דגדלות, שהם הוי"ת, והם נקראים רוח, אז נשלם לעשר ספירות גמורות, אף בבחינת הכלים, והוא על דרך מה שכתב לקמן בשער כ"ג פרק ז', כי הרשימו של המוחין דגדלות מגדיל את הו"ק, ונעשו י' ספירות. וז"ל - שם נמצא שמתלבשים י' ספירות גמורות פנימים בו"ק חיצונים, ועל ידי הרושם שעושים י' ספירות פנימים המתלבשות בתוכם, נרשם בו"ק בחינת י' ספירות גם כן וכו', יעוין שם בדברו.

125

שער הכוונות, דרושי העמידה, דרוש ב' – הנה עתה כבר נשלם פרצוף ז"א, ויעקב, ורחל, אמנם עדיין רחל עומדת עתה אחור באחור עם ז"א, וצריך להחזירה פנים בפנים עם יעקב. והנה הוא צריך אל הנסירה כדי להחזירה פנים בפנים, ואמנם הנסירה הוא על ידי ויפל הוי"ה אלהי"ם תרדמה על האדם, כמו שיתבאר בברכת המפיל חבלי שינה על עיני. אמנם עתה אף בלא הפלת תרדמה מספיק, לפי שעתה כבר קבל ז"א עד עתה מוחין שלמים מן או"א כנ"ל, ולכן אף אם יסתלקו ממנו כדי לתתם אל רחל, עדיין נשאר בו רשימו יתירה, ואינו צריך להפלת התרדמה. אבל בלילה שאפילו בחינת רשימו לא נשאר בו, כנודע שאחר סיום התפילה מסתלקים המוחין מן ז"א, ולא נשאר בו רק הרשימו, ואחר כך בלילה מסתלק אף גם הרשימו, כמו שנתבאר אצלינו בדרוש התפילין, ולכן צריך להפיל התרדמה בלילה, כדי לנסור אותם.

126

ע"ח שכ"ט פ"א מ"ב ד"כ ע"ד – ואחר כך נעשית הנסירה כנ"ל, והנה אחר שנגלה (נ"א שנתגדלה) אחור מן החזה שלו ולמטה, והיתה אז מקבלת הארותיה על ידי מחזותיו, וטפילה אליו, וגרועה ממנו, וכדי שתתתקן יותר לגמרי שלא על ידו, צריך שיסתלקו המוחין ממנו, וסילוק זה נקרא שינה, והבן זה. כי קודם לכן היו אחוריים של שניהן כולם דינים, ולהיותן דינים היו דבוקים יחד, כי כולם כותל אחד להם, **ולכן הפיל עליו דורמיטא.** ונסתלקו ממנו המוחין כנ"ל, הנקרא שינה. ואז נשמתו שהם המוחין שנסתלקו ממנו, היו מושכין לו חסד וחיות אל ההוא קיסטא דחיותא שנשאר בתוכו בגוף בעת השינה, מן חסד דבינה, והיה מתפשט בו בתוכו, ואז הדינין ואחוריים היו מסתלקין ונאחזין באחור דנוקבא, ונפרדין זה מזה, וזהו אתי חסד ופריש לון.

בראשית ב' כ"א – ויפל הוי"ה אלהי"ם תרדמה על האדם ויישן ויקח אחת מצלעתיו ויסגר בשר תחתנה.

127

כרם שלמה ש"ה פ"ו אות ט' – ומה שכתב ואז נסרת הנקבה, ולקחה הדין של אלהי"ם וכו', כי פרצוף החיצון שלו, שהוא פרצוף נה"י, הוא נקרא קטנות, והוא שמות אלהי"ם, ואז הנקבה שהיא באחוריו, אז היתה נבנית משמות אלהי"ם אלו, והיתה דבוקה בו, כי הענף נדבק מהשורש, ואז היה חצי כותל לו, וחצי כותל לה, ומשתמשים בכותל אחד. אך בבא מוחין דגדלות, שהם הוי"ת, אז המלכויות של כלי החיצון שהוא פרצוף

הוי"ה אלהי"ם כאשר ז"א הוא הוי"ה, והנוקבא היא אלהי"ם, ולכן בני ישראל נקראים בנים לזו"ן, בסוד הפסוק[129] בנים אתם להוי"ה אלהיכ"ם[130]. שלוב ב' שמות אלו שהוא ייחודם, הוא יאהלוההי"ם[131], ונקרא זו"ן **שמא**[132] **שלים** והוא סוד מעבר יב"ק[133], **והבן. ולכן נ͏ֹסרת** הנוקבא **ממנו** ר"ל מז"א, ועומדת פנים בפנים עם ז"א, **כי** השמות של **הוי"ת ד͏ֹוזי͏ֹן** את שמות **אלהי"ם, וני͏ֹתני͏ֹן**[134] שמות אלהי"ם **לנ͏ֹקבה.**

הרב ז"ל מבאר את בחינת פנימיות וחיצוניות העולמות[135], שהם סוד עובדא ומילולא. ואת סוגית ירידת בי"ע דאצילות לבי"ע, עם בחינת המלכות בסוד גלות השכינה, כדי לעזור לבני ישראל במלאכת הבירורים. **ומה**[136] **שא͏ֹנו**

הנה"י דז"א ניתנים לנוקבא, וזהו מה שכתב הרב ז"ל לקמן בשער כ"ז פרק ב', וז"ל - והנה זה החיצוניות וכו', ננסר וניתן ללאה ורחל, בסוד פנימיות אליה, **ותבין היטב** כי אף על פי שנה"י הם מכלל הו"ק וכו', אינם אלא עשייה, כי עשייה היא נוקבא כנודע. נמצא כל חיצוניות הוא נה"י, וכולו ניתן לנוקבא וכו'. ואין פירוש כולו, כל החיצוניות, אלא ר"ל המלכויות שלו, ולזה כתב ותבין היטב.
128

בית לחם יהודה ש"ה פ"ו – ואז נקראים הוי"ה אלהי"ם. הז"א הוי"ה, והנוקבא שלקחה הדין של אלהי"ם, נקראת אלהי"ם. ועיין בדברינו בסוף פרק א' דשער ט'.
129

דברים י"ד א' – בנים אתם להוי"ה אלהיכ"ם לא תתגדדו ולא תשימו קרחה בין עיניכם למת.
130

כל פרצוף תחתון נקרא בנים לפרצוף שמעליו, והפרצוף שמעליו נקרא הוי"ה אלהי"ם.
נהר שלום דמ"א ע"א – וכל דרושי הרב ז"ל, כולם מדברים בפרצוף המוחין דזו"ן דכל העולמות, כי אנחנו בנים לזו"ן, כמו שאמר הכתוב **בנים אתם להוי"ה אלהיכ"ם**. ועל ידי מעשינו אנו מתקנים פרצוף המוחין דזו"ן, וזו"ן שהם בנים לאו"א מתקנים פרצוף המוחין דאו"א, הנקרא גם הם זו"ן בערך מה שלמעלה מהם, וצריכים עיבור, יניקה, ומוחין, והכל נתקן על ידי זו"ן דאצילות, שהם בנים שלהם.
131

ע"ח שט"ו פ"ב דע"ו ע"א – והענין הוא כי זווג או"א הוא לעולם כדי לתת מוחין לזו"ן, כפי מה שהם או דיניקה, או דגדלות, ואמנם עתה אנו מדברים ביניקה, כי הנה בעת נתינת המוחין אז נקרא זו"ן הוי"ה אלהי"ם, הוא הוי"ה, והיא אלקים.)והנה(בהיותן בסוד אחור באחור, אז הז"א לבדו נקרא הוי"ה אלהים, כי תחלה נותנין לו לבדו, ואחר כך ממנו נמשכין אליה. וכשהם פנים בפנים, אז נמשכין אל שניהן ביחד,)ואז הם סוד(יחוד הוי"ה אלהים, הנזכר בכמה מקומות.
132

הגהות וביאורים)ה(– עיין שער הזיווגים פרק ב'.
133

יחוד ב' שמות הוי"ה אלהי"ם נקרא בזהר שמא שלים, והוא **יאהלוההי"ם**, כי חיבור זה נמתקים דיני שם אלהי"ם על ידי הרחמים דשם הוי"ה, וזאת היא שלמות ההנהגה.
פרי עץ חיים, שער קריאת שמע שעל המיטה, פרק י' – אחר כך פסוק בידך אפקיד רוחי. כי כבר ידעת, כי בג' תיבות אלו ראשי תבות בא"ר, כמו שלמדתיך. ולכן תכוין כי הוא גימטריא ב' שמות, אשר כל אחד מהם נקרא שמא שלים, והם הוי"ה אלהים, הוי"ה אדנ"י, שעולין גימטריא באר. וכבר ידעת, כי אלהי"ם הוא גימטריא אהי"ה אדנ"י, ותכוין כל זה. והנה, **לכן הוי"ה אלהי"ם הוא שמא שלים יותר מהאחרים, והוא כי עולה גימטריא יב"ק.**
134

הגהות וביאורים)ו(– עיין שער מ', שער חיצוניות ופנימיות פרק ד'.
135

להבין סוגיה זאת צריך לדעת כי יש ד' סוגי מחצבים. א. מחצב הספירות. ב. מחצב הנשמות. ג. מחצב המלאכים. ד. מחצב החושך.

תרשים ו – ל"ד.

גם צריך לדעת כי כל בחינה מבחינות אלו נחלקת לפנימיות וחיצוניות. וכל בחינה מהפנימיות והחיצוניות נחלקת באופן פרטי לפנימיות וחיצוניות ופרטיות.

תרשים ו – ל"ה.

עוד צריך לדעת כי ב' המחצבים הכוללים דפנימיות וחיצוניות נקראים בדברי הרב ז"ל נשמות ומלאכים, כאשר המחצב הפנימי נקרא נשמות, והחיצוני נקרא מלאכים. וב' בחינות אלו מתפשטים לאורך כל אבי"ע, כאשר מחצב במלאכים מלביש את מחצב הנשמות בעובי. עוד צריך לדעת כי כל בחינה מהמחצבים הנ"ל יש פנימיות וחיצוניות, כאשר בחינת הפנימיות נקראת אצילות בערך הבחינה החיצונית הנקראת בי"ע.

תרשים ו – ל"ו.

בעולם הנקודים היתה בחינת מיתת המלכים, כאשר הכלים שלהם נשברו ונפלו עם רפ"ח נצוצין לבי"ע.

תרשים ו – ל"ז.

בפשטות דברי הרב ז"ל מיתה זאת היא בזו"ן דעולם הנקודים. אך בעומק דברי הרב ז"ל, וכמו שמבאר מרן הרש"ש כי מיתת המלכים היתה בזו"ן של כל פרט ופרט. כאשר הכלים דזו"ן דעתיק נפלו לעתיק דבי"ע, ר"ל כלי פנימי דעתיק נפל לעתיק דבריאה, כלי אמצעי דעתיק נפל לעתיק דיצירה, וכלי חיצון דעתיק נפל לעתיק דעשיה. וכן ג' הכלים דזו"ן דא"א, וג' הכלים דזו"ן ואו"א, וג' הכלים דזו"ן.

תרשים ו – ל"ח.

את בחינות הכלים והרפ"ח ניצוצין צריך לתקן, ולהחזירם לשורשם, ועבודה זאת נעשית על ידי בני ישראל הקדושים, בסיוע השכינה הקדושה, ובסיוע חיצוניות הפרצופים דאצילות היורדים לעזור לבני ישראל. כאשר בחינת חיצוניות דפנימיות, שהם בי"ע דאצילות יורדים ומתלבשים בסוד גלות השכינה בבי"ע התחתונים, הנקראים חיצוניות, ונקראים מלאכים. וכל זה בכללות.

תרשים ו – ל"ט.

בפרטות כל פרצוף מפרצופי האצילות הוא בן ג' כלים, שהם כלי פנימי, כלי אמצעי, וכלי חיצוני. וכלים אלו נקראים בי"ע בערך הפנימיות שבהם, והם חיצוניות דפנימיות, הם מתלבשים בפרצופים שכנגדם בבי"ע החיצוניים כדי לברר את בירורי רפ"ח הניצוצין ושברי הכלים המתיחסים אלהם, שנפלו לבי"ע במקרה המלכים. כאשר כלי פנימי דעתיק מתלבש בעתיק דבריאה, כלי אמצעי דעתיק מתלבש בעתיק דיצירה, וכלי חיצון דעתיק מתלבש עתיק דעשיה. כלי פנימי דא"א מתלבש בא"א דבריאה, כלי אמצעי דא"א מתלבש בא"א דיצירה, וכלי חיצון דא"א מתלבש בא"א דעשיה. וכן בשאר כל פרצופי האצילות.

תרשים ו – מ.

פירוש עובדא ומילולא הוא מעשה ודיבור, ובשער הכוונות למרן האר"י זלה"ה, מבאר את בחינת תיקון העולמות בחיצוניות ובפנימיות, ובכללות הענין הוא כי כל במצוה ומצוה יש את בחינת קיום המצוה עצמה, שזה מעשה המצוה, וזה הוא בחינת תיקון החיצוניות. ויש את בחינת הברכה של המצוה, שהיא בחינת תיקון אור מקיף, ובחינת הדיבור של המצוה, והיא בחינת תיקון הפנימיות. וכך הוא בכל מצוה ומצוה, בין מצוה מעשית, או מצוה דיבורית כגון שמע ישראל ותפילה, בין מצות מדאוריתא, או מצות מדרבנן. רבינו הרש"ש סידר בסידורו הטהור את הכוונות תיקוני פנימיות דפנימיות, חיצוניות דפנימיות, פנימיות דחיצוניות, וחיצוניות דחיצוניות.

תרשים ו – מ"א.

שערי קדושה, חלק ג' שער ב' – ועתה נבאר מה שלא נתבאר שם. והוא כי כמו שזה האור המיוחד הנקרא עולם העשר ספירות, בתמונת אדם אחד, כן יש עוד אור אחד הנקרא מחצב הנשמות של בני אדם, נכלל ממש בכל אותם פרטי הבחינות שנתבאר באדם של העשר ספירות, שהוא הנקרא אלהו"ת גמור, והוא מתלבש תוך האור הזה הנקרא מחצב הנשמות, בכל פרטיו. עוד יש אור אחר בצורת, אדם הנקרא מחצב המלאכים, שממנו נחצבו כל המלאכים, וגם הוא נכלל מכל פרטים הנזכרים כולן, והוא מלבוש חיצון על אור מחצב הנשמות.

ועוד יש אור אחד מעט, ונקרא אור חשוך, וכלו דינים קשים, שממנו נאצלו כל הקליפות שבאותו עולם, ומלביש על אור מחצב המלאכים, וגם הוא תמונת אדם. וחוצה לכל אורות הנזכרים הם הרקיעים עצמן

שבאותו עולם, והם הנקראים גוף לאותו עולם, ובפנים ממנו חמשה אורות הנזכרים, **אור האין סוף כפי ערך אותו עולם לפנים מן הכל, ועליו אור העשר ספירות, ועליו אור מחצב הנשמות, ועליו אור מחצב המלאכים, ועליו אור מחצב הקליפות**, ועליו העולם עצמו, שהן הרקיעים גוף האורות הנזכרים.

ע"ח ח"ב שכ"ח פ"א מ"ת די"ח ע"ב – ונבאר ענין חיצונית ופנימית מה ענינם, כי החיצוניות הם מציאת העולמות, ופנימיות הם בחינת הנשמות. והענין כי הנה יש בזו"ן, וכן על דרך זה בכל הפרצופים ב' בחינות, האחד הוא בחינת החיצונית, אשר בהם כדמיון הגוף אל הנשמה שמבפנים, ומזה החיצוניות דז"א)נ"א זו"ן דאצילות(נבראו כל העולמות כולן של בי"ע כנודע, כי כל הנבראים, וכל הבריות שיש, כולם הם בציור דמות פרצוף אדם, כנזכר בזוהר פרשה תולדות, דכל שייפי ושייפי איתקרי אדם, ואפילו המלאכים כולם, הם מבחינת חיצונית דזו"ן דאצילות. אמנם יש בחינה שניה, והוא הפנימית שבו, שהוא כעין נשמה אל הגוף שמבחוץ, ומבחינה זו נבראו נשמות בני אדם הצדיקים התחתונים, כי נשמת הזכרים מז"א, ונשמת הנקבות מנוקבא דזעיר אנפין. באופן כי כל נשמות הצדיקים הם יותר פנימים מהמלאכים כולם, חוץ מהנשמות שהם מבחינת בי"ע כנודע, גם נשמות אלו יהיו פנימים אל ערך המלאכים אשר מן העולם ההוא שממנו חצבו הנשמות, כמו שנכתוב במקומו בע"ה. וזה סוד הן אראלם צעקו חוצה, וארז"ל אפילו מלאכי שלום אינם יכולין לכנוס כו'. וצריך להבין מאי אפילו דקאמר, ולמה נשתנו אלו המלאכים מזולתן, עד שהוצרך להשמיענו חידוש שאפילו הם אינם נכנסים. אבל הענין מובן עם הנ"ל, כי להיות שכל המלאכים הם מחיצוניות, והנשמות מהפנימיות, והנה יש בחינת מלאכים קרובים אל הנשמות של הצדיקים, יותר משאר מלאכים, ונקרא מלאכי שלום, מהו דתימא, כי כיון שבבחינה זו שיש לאלו המלאכים על השאר, והוא שהם כת המלאכים המקבלין את נשמת הצדיקים כשנפטרין מן העולם הזה, ואומרים לו יבא שלום ינוחו על משכבותם הולך נכחו, כמו שאמרו רז"ל. לכן נקראו מלאכי שלום, ומצד בחינה זו היה אפשר שיכנסו בפנימיות עם הנשמות, ולזה השמיענו שאפילו הם עומדין בחוץ, ואין נכנסין בפנים.

ע"ח ש"נ פ"ז)מכתב יד הרח"ו ז"ל(דקט"ז ע"א – דע כי בכל העולמות יש להם פנימיות וחיצוניות, והנפשות הם מן הפנימיות, והמלאכים מן החיצוניות כנודע והם ב' בחינות, והחיצוניות נחלק לב' שהם מלאכים הנקרא מלאכי שלום, שהם פנימיות דחיצוניות, ולכן הם דבוקים עם נפשות הצדיקים, ומקבלים אותן בעת פטירתם, ואומרים יבא שלום ינוחו על משכבם. ומלאכים החיצונים הן הנקראין אראלים צעקו חוצה, בחינת בתי בראי, והנה כל הנ"ל הם סטרא דקדושה. וכנגדן יש בקליפה פנימיות וחיצוניות, ובחינת פנימיות נחלק לב', שהם נפשות גרים הנקרא קליפת נוגה הפנימית, ונפשות עכו"ם והם חיצוניות. וכן בחינה החיצוניות נחלק לב', שהם שדין יהודאין דפנימיות, ושדין נוכראין דחיצוניות. ואמנם נפש צדיק פנימיות ישראל, נותנים לה יצר טוב, שהוא מלאך אחד מפנימית דחיצוניות דקדושה, ויצר הרע, שהוא שד אחד מפנימיות דחיצוניות דקליפה. ולעם הארץ יצר הטוב, מלאך מחיצוניות דחיצוניות דקדושה, ויצר הרע, שד חיצון מחיצוניות דחיצוניות דקליפה. ונפש הגרים והאומות, כולם הם יצר הרע ויצר טוב מהשדין דקליפה.

נהר שלום די"ב ע"ד – וכתב בשער הקליפות, שער מ"ט פרק ו', כי ההיכלות, והשרפים, והחיות, והאופנים דבי"ע, הם בחשמל דבי"ע, עם הג' כלים שלהם, והרוחין, והנפשין הנזכרים בפקודי, ועליהם מלבוש חשמל, ועליו הנוגה, ועליו הג' קליפין, וכל זה הוא במחצב המלאכים. ולפנים מהם הוא מחצב הנשמות, המלביש למחצב הספירות, והוא בכל אבי"ע דכל פרט. והנה בתוך העור הנז"ל, שהם הכלים דנפש, שם הוא מקום השרפים, והחיות, והאופנים, **הרי מפורש כי בכלים החיצוניים דאבי"ע** שם הוא מקום השרפים, והחיות, והאופנים. וכבר ביארנו לעיל ממה שכתב בפרק י"א משער חיצוניות ופנימיות, כי הוא בחיצוניות דאבי"ע דחיצוניות ודפנימיות, ושמות הכלים דבי"ע שכתב בשער השמות, הם בפנימיות דזה החיצוניות, וכמבואר לעיל ממה שכתב בפרק י"א משער חיצוניות ופנימיות, אבל פנימיות דאבי"ע דחיצוניות, ופנימיות דאבי"ע דפנימיות דבי"ע, כולם שוים בכלים דאצילות, כי כולם אלהו"ת ואחדות גמור, מתחילת העשר ספירות דאצילות, עד סוף העשר ספירות דעשיה כנז"ל. כלל העולה, כי אבי"ע דחיצוניות, ואבי"ע דפנימיות, שוים במציאותם, כי פנימיות דפנימיות, ופנימיות דחיצוניות, שהוא האצילות דשניהם, שוים בכליהם, והם כלים דאצילות, והם אלהו"ת ואחדות גמור, מתחילת העשר ספירות דאצילות, עד סוף מלכות דעשיה שלהם, והחיצוניות דחיצוניות, וחיצוניות דפנימיות דשניהם, שהוא בי"ע דשניהם, שוים בכליהם, והם כלים דבי"ע, ובכלים החיצונים דבי"ע דשניהם, שם הוא מקום השרפים, והחיות, והאופנים. גם ענין פנימיות וחיצוניות

והענין בקיצור נמרץ, ידוע **כי כל העולמות מראש א"ק עד סוף העשיה, כלולים מחיצוניות ופנימיות, וכל אחד משניהם נחלק לחיצוניות ופנימיות, ואין לך שום בריה שאינה כלולה מחיצוניות ופנימיות.** אמנם החיצוניות דכללות כל העולמות הם העיגולים דכל העולמות, והפנימיות הוא היושר דכל העולמות, **וכל אחד נחלק לחיצוניות ופנימיות, שהם הכלים והאורות, גוף ונשמה, כי הכלים שהם העשר ספירות דכל פרצוף נקרא חיצוניות בערך הפנימיות, שהם האורות והנרנח"י המלובשים בהם,** וכן בפרטות העשר ספירות הנחלקים לשלשה פרצופים נה"י, חג"ת, וחב"ד, מתלבשים זה בתוך זה, כי פרצוף דנה"י המלביש לפרצוף חג"ת, נקרא חיצוניות בערך פרצוף החג"ת, המתלבש בתוכו, ופרצוף החג"ת נקרא פנימיות אליו, ופרצוף החג"ת נקרא חיצוניות בערך פרצוף החב"ד המתלבש בו, והחב"ד הוא פנימיות אליו. וכל זה הפרצוף הכלול מחב"ד, וחג"ת, ונה"י, נקרא חיצוניות בערך הפרצוף העליון המתלבש בו. וכן על דרך זה מפרצוף לפרצוף, עד א"ס. וכן על דרך זה בכללות, **כי כללות עולמות בי"ע נקרא חיצוניות לאצילות המתלבש בתוכם, והוא פנימיות אליהם,** וכן האצילות נקרא חיצונות לא"ק המתלבש בתוכו, והא"ק פנימיות אליו, והא"ק נקרא חיצוניות לאור הא"ס המתלבש בתוכו, שהוא שורש וחיות הכל. וזה שאמרנו שהפרצוף התחתון נקרא חיצוניות לפרצוף העליון המתלבש בו, הוא הכלים לכלים, והאורות לאורות, אבל לא שהאורות של התחתון יקראו חיצוניות בערך הכלים של העליון, אלא הכלים לכלים, והאורות לאורות. וזה באצילות ובא"ק, אבל בבי"ע אפילו הכלים דאצילות יקרא נשמות ופנימיות לבי"ע, וזה בעוד שעדיין לא נגמר בירור ותיקון הכלים דבי"ע, ולא נזדככו לגמרי, ועדיין נקראים חיצוניות שהוא אבי"ע דחיצוניות. אמנם **אחר זמן תיקונם וזיכוכם לגמרי, אז הם מתעלים יותר ונכנסים לפנים ומלבישים לאבי"ע דפנימיות, ונעשה אלהו"ת גם הוא כמוהו כנודע.** כי אבי"ע דפנימיות כולו אלהו"ת ואחדות גמור, מראש עשר ספירות דאצילות, עד סוף עשר ספירות דעשיה, כמבואר בפרק א' דשער השמות וכנז"ל, כי באצילות אפילו הכלים שבו, הם אלהו"ת גמור, כי על האצילות אמרו בתיקונים, איהו וגרמי חד בהון, וכל שכן בא"ק.

נהר שלום דכ"ד ע"ד – והנה ידוע כי מיתת המלכים היתה בזו"ן דפרטות, ר"ל בזו"ן דעתיק, ובזו"ן דא"א, ובזו"ן דאבא, ובזו"ן דאימא, ובזו"ן דז"א, ובזו"ן דנוקבא, וכל פרצוף מאלו הפרצופים כלול מכל הפרצופים הנזכרים. וזה היה בפרט האחרון דפרטי פרטות, וכמבואר לעיל בהקדמה, וזה היה בפנימיות וחיצוניות דפנימיות, ובחיצוניות ופנימיות דחיצוניות, דפנים ודאחור. והכלים עם הרפ"ח ניצוצות דמלכים דעתיק נפלו לעתיק דבי"ע, ודא"א לא"א דבי"ע, ודאו"א לאו"א דבי"ע, ודזו"ן לזו"ן דבי"ע. באופן זה כי הכלים הפנימיים דמלכים הנזכרים נפלו לפרצופי הבריאה. והכלים האמצעיים ליצירה. וכלים החיצוניים שלהם לעשיה. ונתבאר בשער השמות ובכמה מקומות, כי כדי לברור הכלים ושארית הרפ"ח דכל פרט, יורדים כל הפרצופים העליונים דאצילות בימי החול בסוד גלות השכינה, ומתלבשים בפרצופים שכנגדם למטה בבי"ע. עתיק דאצילות בעתיק דבי"ע, וא"א בא"א, ואו"א באו"א, וזו"ן בזו"ן. כלים פנימים שלהם בבריאה, ואמצעיים ביצירה, וחיצונים בעשיה. ובי"ע הנזכר מתלבשים בבי"ע דחול, וזה לצורך שארית בירורי כלים ואורות דמלכים דזו"ן דעתיק, וא"א, ואו"א, וזו"ן דאצילות שנפלו לבי"ע על סדר הנזכר. כי הכלים הפנימים של מלכי עתיק, וא"א, ואו"א, וזו"ן דאצילות נפלו לבריאה. וכלים האמצעיים של המלכים הנזכרים ליצירה. וכלים החיצונים שלהם לעשיה, כנודע. ועל כן בימי החול יורדים הכלים דפרצופים העליונים דאצילות על דרך הנז"ל, לברר בחינותיהם שנשארו בבי"ע.

גמרא ברכות דף ח' ע"א – ואמר רבי יוחנן, הרוצה לקבל עליו עול מלכות שמים שלימה, יפנה, ונוטל ידיו, ומניח תפילין, וקורא קריאת שמע, ומתפלל, וזו היא מלכות שמים שלימה. וכל הנפנה, ונוטל ידיו, ומניח תפילין, וקורא קריאת שמע, ומתפלל, מעלה עליו הכתוב כאלו בנה מזבח והקריב עליו קרבן, שנאמר ארחץ בנקיון כפי ואסובבה את מזבחך ה'.

ע"ח ח"ב ש"מ דרוש ב' דע"ט ע"ד – וכללות הענין דע כי כל בחינת מצות מעשיות וברכותיהם, כמו ציצית, ותפלין, ואכילת מצה, וסוכה, ולולב, וכיוצא בזה, כולן הם בחיצוניות העולמות, אף על פי שיש בהם בחינת מוחין, הם בחיצוניות. וכל מצוה שהוא בדיבור לבד, כמו תפלה הכל הוא בפנימיות, וזה תמצא בפירוש ברוך שאמר במקומו, ובפירוש כוונת התפלין, ובכוונת נטילת ידים. ונמצא כי ארבע עולמות אבי"ע, וכן בכל ה' פרצופים שבכל עולם מהד', יש בכל אחד מהם חיצוניות ופנימיות, וכל המעשה הוא וברכותיה הכל הוא בחיצוניות, אור פנימי כנגד המעשה, ואור מקיף כנגד הברכה, כמו ג' סעודות דשבת, ואכילת מצה דפסח, וקידוש שבת שעל היין, וציצית, וסוכה, ולולב, ותפילין, אכן כל דבר התלוי בפה לבדו, כגון תפלה, ועסק

התורה הכל תלוי בפנימיות. ואמנם הכונה במחשבה הוא הנשמה, בין בחיצוניות, כמו כוונת עשיית המצות שהוא בחיצוניות, וכן הוא נשמה לפנימית, כגון כוונת התפלות כו', כי החיצוניות והפנימית הכל הוא בבחינת הכלים, וכיוצא בזה בנשמות יש חיצוניות ופנימית, שהוא נשמה חיצוניות לכלי חיצוניות, ונשמה פנימיות לכלי פנימיות, וכל זה בבחינת אור פנימי. וכנגדן יש בבחינת אור מקיף כנזכר במקום אחר. וכן כל בחינה שיש בחיצוניות שהוא אחור באחור, ואחור בפנים, ופנים בפנים, ופנים באחור, ופנימי, ומקיף, ומוחין, וצלם דאבא, וצלם דאמא, וכלים, ועצמות, וכיוצא בזה, בכל הפרטים כולם, ישנם בחיצוניות לבדו, וכן בפנימיות לבד. כי החיצוניות של כל עולם ועולם הוא בחינת חלק העשיה, שיש בכל עולם כנודע, כי כל אחד מד' עולמות אבי"ע כלול מכל חלקי אבי"ע, ולא זו לבד, אלא אין לך כל ספירה וספירה שאין בה ד' חלקי אבי"ע, ובפרטות בחינת חיצוניות הספירה, ההיא הוא בחינת עשיה אשר בה.

פרי עץ חיים, שער קריאת שמע, פרק א' – כבר נודע מהזוהר **שמצות צריכות עובדא ומילולא.** והנה בתחלת עליית עולם לעולם מד' עולמות אבי"ע, צריך לרמוז ב' דברים הנ"ל, כי בנטילת ידים שהוא התחלה לעלות עולם העשיה, הנה הנטילה עצמה הוא עובדא, והברכה הוא מלולא. וכן בתחילת עליית עולם היצירה שהוא ברוך שאמר, צריך לאחוז ביד ימין רק ציצית ב' שלפניו, וזהו עובדא. וברוך שאמר, הוא מלולא. וכן בתחילת עליית עולם הבריאה שהוא יוצר אור, צריך לאחוז בתפילין, ולמשמש בם בתפילין של יד, וזהו עובדא, אחר כך יוצר אור הוא מלולא. וכן בשאר המצות צריך גם כן עובדא ומלולא.

שער הכוונות, דרושי תפילת השחר, דרוש ב' – על ענין הנזכר בסדר תיקון תפלת שחרית. הנה כבר נתבאר לעיל ענין התחלקותה אל ארבע עולמות אבי"ע. ועתה נבאר ענין הנזכר בביאור יותר עמוק, הנה כבר ביארנו בביאור הקדמת אדרת האזינו בסופה הקדמה א', בענין שני בחינות שיש למעלה בכל העולמות דאבי"ע, כי בחינה אחת היא ענין חיצוניות העולמות, הוא בחינת כללות העולמות בבחינת חיצונית הנקרא כסא הכבוד, ומלאכים, ואופנים. והבחינה השניה היא ענין פנימיות העולמות, שהם בחינת הנפשות של בני אדם דעשיה, והרוחות שביצירה, והנשמות שבבריאה, כו'. וכל בחינה מהם יש לה בחינת אור פנימי, ואור מקיף. והנה נודע מה שכתוב בזוהר הקדוש פרשת ויקהל דף ר"א ע"ב, ובפרשת בהר ק"ב ע"א, שבתחילה צריך לעשות התיקון בבחינת המעשה, שהם ד' תיקונים, והם אלו, יפנה, ויתעטף בציצית, ויניח תפילין של יד, ואחר כך תפילין של ראש. וכנגדם הם סדר קרבנות של שחר, וסדר הזמירות, וסדר יוצר, וסדר תפילת י"ח. וצריך לבאר כל זה, הנה בתחילה צריך בסוד המעשה לתקן בחינת חיצוניות כל העולמות במקומם אשר להם, והוא כי על ידי אשר יפנה צרכיו, הנה הוא מתקן עולם העשיה, בבחינה הנקראת נפש, ועל ידי ברכת אשר יצר, שהוא סוד הבל היוצא מן הפה, בעת שמברך הוא מתקן אור המקיף דעולם העשיה. ואחר כך על ידי הטלית שמתעטף בראשו, הוא מתקן חיצוניות עולם היצירה, הנקרא רוח, ועל ידי כך יורד אור מן בחינת הנפש דיצירה, אל בחינת הרוח אשר בעשיה, הנקרא יצירה שבעשיה, ובסוד הברכה שבציצית, נעשה אור מקיף אל היצירה. ואחר כך על ידי התפילין של יד נתקן עולם הבריאה, ואז יורד אור מן נפש דבריאה, אל הנשמה שבעשיה, ועל ידי הברכה נעשה אור מקיף אל הבריאה. ואחר כך על ידי תפילין של ראש נתקן עולם האצילות, האמנם בענין הברכה יש מחלוקת, לפי שמר סבר כי גם בעולם האצילות צריך לעשות על ידי מעשינו אור מקיף שלו, ולכן צריך לברך גם על תפילין של ראש, לעשות אור מקיף אליו, ומר סבר דאור מקיף דעולם האצילות, שהוא בחינת נשמה לנשמה, אינו נעשה על ידינו, ומעצמו הוא נעשה, כי אין בנו כח לעשותו. והנה כל הד' עולמות נתקנו בבחינת חיצוניות, שהוא כללות העולמות בעצמם בכללותם, בבחינת אור פנימי, עם אור מקיף שלהם על ידי אלו המצות מעשיות הנז"ל. אבל האדם בעצמו לא נתקן, רק בחינת הנפש שלו בלבד, לפי שכל אלו מצות מעשיות שהם מצד הנפש, ואפילו בברכות שלהם היא מצד מצות מעשיות בלבד. ולכן כדי לתקן בחינה שנית צריך סוד הדבור בתפלה, וזה פרטן, כי באומרו סדר קרבנות של שחר, יכוין לכלול העשיה ביצירה, אחר שכבר נכללו ונתקנו כל העולמות בכללותם, ואמנם כדי להעלותם למעלה ולכלול אותם ביחד, אי אפשר לעשותו אלא על ידי הכללות הנשמות, שהם בחינת פנימיות העולמות כולם. ולכן אנו אומרים הקרבנות שעל ידי כך אנו כוללים עולם העשיה בבחינת פנימיותו, שהוא סוד הנפשות שבו, עם אור מקיף שבהם גם כן הנעשה על ידי הדיבור, ואז גם החיצונית שהוא כללות עולם העשיה, נכלל עמהם, ואז אנו מעלים עולם העשיה אל עולם היצירה, וכוללים אותו עמו בבחינת הנפשות שבעולם העשיה, שהם פנימיות העשיה כנזכר, וזה על ידי הקרבנות, ואז נעשין מוחין דאור פנימי לבחינת הנפשות, וגם אור המקיף שלהם על ידי הדיבור. ואחר כך על ידי הזמירות של ברוך שאמר, עד היוצר, אנו מעלים את הרוחין שבעולם היצירה, בבחינת מוחין

אומרים תמיד וזיצוניות העולמות, הם הכלים שהם כ"ב אותיות והתגין **האלו**, והם **הגוף ונפש ביזוד** כאשר הגוף הם כ"ב האותיות, והנפש היא התגין, וכמו שהנפש מחוברת תמיד עם הגוף, כך התגין תמיד מחוברים עם האותיות, ואפילו שהנפש היא פנימית לגוף, עם כל זאת ב' בחינות אלו נקראים חיצוניות העולמות, והם פנימיות וחיצוניות דחיצוניות, ונקראים בי"ע דאצילות, ובחינה זאת היא בחינת קטנות. **ופנימיות העולמות הם עשרה** הספירות **דרוזז** שהם בחינת הנקודות, **שהם מלגאו** בפנימיות הספירות **בארזז (נ"א באורות) אצילות**, כנזכר בהקדמת תיקוני הזהר די"ז ע"א[137], **כי**[138]

דאור פנימי, ובבחינת אור מקיף, עד עולם הבריאה, ואז גם בחינת חיצוניות דעולם היצירה, אור פנימי שלו, עם אור מקיף שלו, הם עולים ונכללים עמהם בבריאה. ואחר כך ביוצר אור עד העמידה, אנו מעלים הנשמות שבעולם הבריאה, בבחינת אור פנימי, ואור מקיף שלהם, עד עולם האצילות, ואז גם חיצוניות עולם הבריאה, אור פנימי שלו, עולים ונכללים בהם. והנה נתבאר כי על ידי תפילין של יד שהיא בבריאה, ועל ידי התפילין של ראש שהיא באצילות, נעשים מוחין פנימיות דאור פנימי, וגם אור המקיף שלהם, בבחינת חיצוניות העולמות, ואמנם עתה על ידי קריאת שמע שאומרים ביוצר, אנו ממשיכין ומורידין מוחין פנימים דאור פנימי, בבחינת פנימיות העולמות, שהם הנשמות כנ"ל. ואחר כך בעמידה אנו נותנים להם בחינת אור מקיף שלהם, ובביאור ברכת אבות דראש השנה, במלות אלהי"נו ואלה"י אבותינו, יש סיוע לזה, ע"ש היטב.

נהר שלום דט"ו ע"ב – בכללות ד' מעשים שהם ימנה, יטול, וב' טליתות, ותפילין של יד, ותפילין של ראש, יכוין לתקן כלים פנימיים ומקיפים דחיצוניות, ופנימיות דחיצוניות, דארבע עולמות אבי"ע, ויכוין להפריד מהם הקליפה על ידי שיכוין להמשיך להם מוחין פנימים ומקיפים, עם נרנח"י דעולמות ונשמות עשר ספירות שנבאר, ונתקנים במקומם. ואחר כך על ידי ד' חלקי הדיבור של התפלה כידוע, יכוין לתקן כלים פנימיים ומקיפים דחיצוניות ופנימיות דפנימיות, דארבע עולמות אבי"ע, ולהמשיך להם מוחין פנימים ומקיפים, עם נרנח"י פנימיים ומקיפים, ולכלול ולהעלות עולם בעולם, וגם לכלול ולהעלות עמהם חיצוניות ופנימיות דחיצוניות דארבע עולמות אבי"ע הנזכרים, כאשר נבאר בסדר התפלה. 136

בית לחם יהודה ש"ה פ"ו – ומה שאנו אומרים תמיד חיצוניות העולמות וכו'. כי יש הפרש כשיאומר חיצוניות ופנימיות סתם, ובין כשיאומר בפרוש חיצוניות העולמות, ופנימיות העולמות, כמבואר בפרק ג' דשער מ', וז"ל – ודע כי אף על פי שתראה כתוב בספרינו בחינת חיצוניות ופנימיות, אל תטעה בהם, כי לפעמים רובן של מקומות אינם מדברים רק בחיצוניות לבד, כי הכל שוה כנ"ל, אלא שלפעמים קורא פנימיות אל כלי ג', הפנימי מכולם, ולפעמים קורא פנימית זה אל נר"ן שבתוך הכלים, שהם בחינת אור פנימי כנודע. אמנם כל זה החיצוניות ופנימיות מדבר בחיצוניות העולמות בלבד, או בפנימיות בלבד, זולת המקומות שנתבאר בפירוש חיצוניות העולמות, ופנימיות נשמות העולמות. וזכור כלל זה, עכ"ל. 137

תיקוני הזהר, הקדמה ב', פתח אליהו די"ז ע"א – **מלגו** פנימיות עשר הספירות, **איהו הוא** שם יו"ד ה"א וא"ו ה"א, **דאיהו ארח אצילות** שהוא דרך המשכת שפע האין סוף בספירות דאצילות. 138

בית לחם יהודה ש"ה פ"ו – כי הנשמות של בני אדם באים מזה מזה האדם דאצילות שם מ"ה מלגאו. מבואר מזה כי הנשמות הם באים מעצמות האורות הפנימיים, שהם הנרנח"י, והכי נמי מסיק בסוף פרק י"א דשער כ', ובפרק ג' דשער כ"ה, ובסוף פרק ח' דשער ח'. ובפרק ט"ו דשער מ'. ובריש פרק א' דשער מ"א, יעו"ש. אמנם בפרק ד' דשער מ' כתב וז"ל – ועל דרך זה יש גוף ב' יותר דק וזך, והוא סוד הנקרא באדם חלוקא דרבנן, שהוא לבוש וגוף אל העצמות שהם האורות, וגם כן יש בו ג' בחינות על דרך זה ממש, והם עי"מ, וגוף זה הוא זך מאד קרוב אל מדרגה הנפש, וכו'. והנה אלו הב' גופים, הראשון נקרא חיצוניות הספירות, כי ממנו נשמת המלאכים, והב' הוא שממנו נשמות הצדיקים, נקרא פנימיות הספירות, יעו"ש. מבואר מזה שהנשמות הם באים מזווג הכלים דפנימיות, ולא מאור הפנימי עצמו. וכן מפורש בשערי קדושה דמחצב הספירות לחוד, ומחצב הנשמות לחוד. וכן מפורש בפתיחת אליהו דקאמר לבושיך תקנת לון דמניהו פרחין נשמתין ובני נשא. וכמו שכתב בפרק ה' דלעיל. ומה שנראה לעניות דעתי עכשיו בישוב זה, והוא כי יש ב' בחינות נשמות בני אדם, כי

53

הַנְּשָׁמוֹת שֶׁל בני **הָאָדָם** התחתון, **בָּאִים מִזֶּה הָאָדָם דַּאֲצִילוּת** שהוא ז"א, והוא שם **מ"ה** שהוא יו"ד ה"א וא"ו ה"א **מִלְּגָאו** מהפנימיות שלו, **הַנִּקְרָאִים עֲשָׂרָה** הַסְּפִירוֹת דְּרוּזָא[139], ובערך פנימיות העולמות, שהם בחינת הנשמות, הנקראים אצילות בערך בי"ע, והוא מחצב הנשמות. ויש את בחינת חיצוניות העולמות, הנקראים בי"ע בערך האצילות **וְהֵם הַמַּלְאָכִים** שהם במדרגה יותר נמוכה מנשמות בני האדם[140], באים **מִן הַחִיצוֹנִיּוּת** דאדם דאצילות, והם ממחצב המלאכים, **שֶׁהֵם** מבחינת **הַגּוּף וְנֶפֶשׁ** שהם

יש נשמות נמשכין מבירורי הז' מלכים, כנזכר בפרק א' דשער ט"ל, ויש נשמות נמשכין מאור הפנימי מרום המעלות, כנזכר בפרק ז' דשער ט"ל, יעו"ש. וכבר כתב רז"ל בשער הפסוקים פרשת וירא דף כ"ג ע"ה וז"ל – ודע כי הנה מה שכתבתי למעלה כי בכל זווג דזו"ן ממשיכין מוחין חדשים מלמעלה מן הא"ס, דרך המדרגות והוא לוקח שפע מ"ד, והיא מ"ן, דע כי זה הוא בענין הנשמות החדשות הבאות מלמעלה בזווג ליל שבת ויום טוב, אבל בזווגים של ימי החול אחר חרבן הבית, כבר ביארנו במצות שביעית פרשת בהר סיני, כי כל המ"ן של אז הם מהבירורים המתבררים מן המלכים שנפלו בקליפות, ומהם נעשים הנשמות ההם שבאלו הזווגים, יעו"ש. ולפי זה אפשר לתרץ כי מה שכתב רז"ל שהנשמות הם נמשכין מאור הפנימי, שהם נרנח"י, הם בחינת הנשמות דשבת ויום טוב, ומה שכתב שנשמות בני אדם נמשכין מחלוקא דרבנן, שהם הלבושין דספירן, הנקראים מחצב הנשמות, הם על בחינת הנשמות דזווג ימי החול, הנמשכין מבירורי הז' מלכים. כך נראה לעניות דעתי לעת עכשיו. ועיין עוד בפרק ג' דשער א"א ד"ה אז. ובפרק ב' דשער כ"ט ד"ה וכל אלו וכו'. ובריש פרק ח' דשער ט"ל ד"ה ואז וכו', ובד"ה ואל תתמה וכו'. ובפרק ט"ו דשער מ' ד"ה ומזווג זה, וכו'.

139

רוח הוא בחינת ז"א, ובחינת שם מ"ה

תרשים ו – מ"ב.

140

בחינת המלאכים היא בחינה יותר תחתונה מבחינת האדם, והם חיצוניים לו, ושומרים על האדם. **זהר חדש, מדרש רות דק"ג ע"ב** תרגום והסבר – וצריכים **שיהיו ישראל מעוטרים בתורה ובמצות, כדי שידבקו תמיד בהקב"ה.** דכתיב כמו שכתוב, **ואתם הדבקים בהוי"ה אלהיכ"ם חיים כלכם היום. וכל הדבק בקונו, אינו ניזוק לעולם.** ולא עוד שאינו ניזוק לעולם, **אלא ששני מלאכי השרת מלוין לו לאדם תמיד, אחד בימינו, ואחד בשמאלו.** דכתיב כמו שכתוב, כי מלאכיו יצוה לך לשמרך בכל דרכיך. **ולא עוד ולא די בזה, אלא שאם תמיד מצוי במצוה אז כביכול שהקב"ה נעשה לו שומר, שנאמר הוי"ה שומרך. מה עושה הקב"ה** כדי לשמור על האדם. **נוטל מלאך ההולך בימינו, ומעמידו לפניו** של האדם. והוא ר"ל הקדוש ברוך הוא **עומד במקומו** של המלאך, **שנאמר הוי"ה צלך על יד ימינך. ואותו המלאך שהוא משמאלו** של האדם, **מעמידו** הקדוש ברוך הוא **אחרי האדם. והקב"ה מימין ומשמאל** ושני המלאכים שומרים על האדם מלפנים ואחור. **נמצא האדם נשמר מכל צדדיו,** לכן **מי יוכל להזיק אותו. ועל כן צריך שלא יהא האדם מצוי בלא תורה, ובלא מצות, אפילו שעה אחת** כדי שיהיה שמור על ידי הקדוש ברוך הוא בעצמו. וגם **בביתו** של האדם **הקב"ה שומרו מבחוץ** בכח המזוזה, ואת **האדם מבפנים** בכח תלמוד התורה......... **אמר רבי נהוראי, אסהדנא** אני מעיד, **על מאן דנפק מתרע ביתיה** על מי שיוצא מפתח ביתו, **בעיטופא דמצוה** מעוטף במצות ציצית, ויש לו **תפילין בראשו** ובזרועו, **בשעה דנפיק בין תרין תרעין** בשעה שיוצא בין מזוזות פתח הבית, **אזדמנא שכינה עליה** מזדמנת השכינה עליו. **ותרין מלאכין דקיימין עליה** ושני מלאכים העומדים לשמור עליו, **חד מימינא** אחד מימין, **וחד משמאלא** ואחד משמאל. **וכולהון מלוין ליה עד בי כנישתא** וכולם. ר"ל השכינה ושני המלאכים מלוים אותו עד בית הכנסת, **ומברכין ליה** ומברכים אותו. **וחד מקטרגא דאיהו קיימא קמי פתחי דבר נש** ומקטרג אחד העומד לפני פתח ביתו של האדם, **אזיל מבתרייהו** הולך אחריהם, **ועל כרחיה אתיב ואמר אמן** ובעל כורחו הוא עונה אמן אחר ברכת השכינה והמלאכים לאדם.

ע"ח ח"ב שכ"ח פ"א מ"ת די"ח ע"ב – ואפילו המלאכים כולם הם מבחינת חיצונית דזו"ן דאצילות. אמנם יש בחינה שניה, והוא הפנימית שבו, שהוא כעין נשמה אל הגוף שמבחוץ, ומבחינה זו נבראו נשמות בני אדם הצדיקים התחתונים, כי נשמת הזכרים מז"א, ונשמת הנקבות מנוקבא דזעיר אנפין, באופן **כי כל נשמות**

הצדיקים הם יותר פנימים מהמלאכים כולם, חוץ מהנשמות שהם מבחינת בי"ע כנודע, **גם נשמות אלו יהיו פנימים אל ערך המלאכים אשר מן העולם ההוא שממנו חצבו הנשמות,** כמו שנכתוב במקומו בע"ה.

גמרא תענית די"א ע"א – דבי רבי שילא אמרי, שני מלאכי השרת המלוין לו לאדם, הן מעידין עליו, שנאמר כי מלאכיו יצוה לך.

גמרא ברכות ד"ס ע"ב – הנכנס לבית הכסא אומר, **התכבדו מכובדים קדושים משרתי עליון,** תנו כבוד לאלה"י ישראל, הרפו ממני עד שאכנס ואעשה רצוני, ואבא אליכם. אמר אביי לא לימא אינש הכי דלמא שבקי ליה ואזלי אלא לימא, שמרוני שמרוני, עזרוני עזרוני, סמכוני סמכוני, המתינו לי עד שאכנס ואצא, שכן דרכן של בני אדם.

אור צדיקים למוהר"ם פאפיראס, עמוד העבודה י"ד – קודם שילך אל בית הכסא יאמר התכבדו מכובדים, ככתוב בטור סימן ג', ואף שכתב בשולחן ערוך שלא לאומרו עכשיו, עם כל זה חידש אר"י ז"ל לאומרו גם עכשיו, ובזה ניצול שלא להרהר בדברי תורה בבית הכיסא.

סידור הרש"ש, כתב יד ח"א דף 41 – קודם שיכנס לבית הכסא, רחוק ממקום שיכלה הריח ד' אמות, יאמר – התכבדו מכובדים קדושים, משרתי עליון, תנו כבוד לאלה"י ישראל. שמרוני שמרוני, עזרוני עזרוני, סמכוני סמכוני, המתינו לי עד שאכנס ואצא, שכן דרכן של בני אדם.

טור, אורח חיים ג' – ובכניסתו לבית הכסא יאמר, התכבדו מכובדים קדושים **משרתי עליון,** שמרוני שמרוני, עזרוני עזרוני, המתינו לי עד שאכנס ואצא, שכן דרכן של בני אדם. וכן יאמר בכל פעם שיכנס.

שולחן ערוך, אורח חיים, ג' סימן א' – כשיכנס לבית הכסא יאמר, **התכבדו מכובדים וכו'.** ועכשיו לא נהגו לאומרו.

עוד יוסף חי, ויצא הלכה ד' – חסידים הראשונים כשהיו נכנסים לבית הכסא היו אומרים קודם כניסתם, התכבדו מכובדים קדושים משרתי עליון, שמרוני שמרוני עזרוני עזרוני המתינו לי עד שאכנס ואצא, שכן דרכן של בני אדם. וכתב מרן ז"ל בשלחן ערוך, ועכשיו לא נהגו לאומרו, ומפורש הטעם בבית יוסף בשם אבודדהם, מפני שאין בדורות אלו חסידים מפורסמים כל כך, ואם היה אחד אומר כן מחזי כיוהרא, ולכן אין אומרים אותו כלל. והגאון יעבץ ז"ל כתב בסידורו דהשם דרכיו ודעותיו רשאי לאומרו, ונכון הדבר, וכן דעת האר"י ז"ל. והיינו דוקא בדברא דשכיחי מזיקין מה שאין כן בעיר, והרב ברכי יוסף הביא דברי חד מן קמיא בתשובה כתב יד, שחולק על דברי מרן שהסכים לדברי אבודרהם, וכתב הרב מנחת אהרן ז"ל, אף על פי שהגאון חיד"א בברכי יוסף אסר, הנה חזר בו בספר מחזיק ברכה והתיר, ושם כתב טענה שטען הרב בתשובה כתב יד שהביאו ברכי יוסף, ממה שמצינו לרז"ל שאמרו בערב שבת לעת ערב, ב' מלאכי השרת מלווין את האדם מבית הכנסת לביתו, ולכך יסדר שלחנו וכו'. ולפי דברי הרד"א ז"ל לא יסדר האדם בזה"ן הזה שלחנו ומטתו מחמת מלאכים המלווים וכו'. וכתב הרב הנזכר במקום אחר גם כן דדברי הרב בתשובה כתב יד, צדקו מזהב ומפז רב, דהרי עינינו הרואות לעם בני ישראל, שכולם שום שום לטובה, מאמינים בני מאמינים, שמלאכי השרת מלווים לאדם בליל שבת לביתו, ולפיכך בבואם משמיעים קול בשירה וזמרה למלאכי השרת. ואומרים להם שלום עליכם מלאכי השרת וכו', בואכם לשלום, וכופלין כן ג' פעמים, ודבר זה אמאי לא בטלוהו בדורות אלו וכו', וכל שכן שהאדם כשהולך לבית הכסא אינו משמיע קולו לאחרים, ובליל שבת קודש אומר אותו אפילו ברבים, ולא נמצא מי שמיחה בזה, ומה נשתנה התכבדו מכובדים, או היה ראוי לבטל שניהם, או לקיים שניהם עד כאן דברו. ואנא עבדא אמינא זו הטענה שטענו הרבנים הנזכרים, אינה טענה כלל, דהתם בליל שבת דמלאכי השרת מלווין את האדם מבית הכנסת לביתו, לאו בשביל כבודו באים, אלא בשביל כבוד הקידוש של שבת הם באים. כדרך שאמרו רז"ל דאליהו זכור לטוב יבא בכל מצות המילה, ולכך מכינים לו כסא אצל המילה, ואומר המוהל קודם שמל זה הכסא של אליהו הנביא זכור לטוב, ובודאי התם אינו בא בשביל כבוד אבי הבן, או המוהל, אלא בשביל כבוד המצוה של המילה, וכן כאן אין מלאכי השרת באים עמו ללוותו לביתו בשביל כבודו, אלא בשביל מצות הקידוש שבא לעשות בביתו הם באים, ואחר הקידוש הם יוצאים. מה שאין כן בענין התכבדו מכובדים, המלאכי השרת מלווים אותו לשמרו, ובעבורו הם באים, ובודאי אם בזה"ן הזה יאמר האדם כן לחשוב עצמו כחסידים הראשונים שמתקיים בהם הפסוק כי מלאכיו יצוה לך לשמרך בכל דרכיך, מחזי כיוהרא, ואפשר אמד דמה שכתב הרב ברכי יוסף ז"ל שיש לחלק בין זו ובין אינך דמיתי, זהו החילוק שעלה בדעתו. מיהו נראה לי בס"ד, **אם ירצה האדם לומר התכבדו מכובדים ביום כיפור,** שהוא יום סליחה ועצומו של יום מכפר, וגם דאפילו השטן מודה שישראל נחשבים ביום זה כמלאכי השרת, ועושים מעשה על זה דהולכים יחפים מהאי

שמות אלהי"ם דקטנות שבכלים, שהם בחינת האותיות, **וזֶה הַגּוּף**[141] **שֶל אלהִי"ם** שהוא בחינת חיצוניות, והוא בחינת בי"ע דאצילות, וגוף זה **יורד** בסוד גלות השכינה[142] **לפעמים בבי"ע**[143] התחתונים, כדי לעזור לבני ישראל ברר בירורים מבי"ע התחתונים שששם נמצאים ניצוצי הקדושה שהם רפ"ח ניצוצין וכלים דשבעת המלכים דמיתו, כלומר ג' הכלים שבכל פרצוף מפרצופי האצילות הנקראים בי"ע, בערך האורות שבהם הנקראים נרנח"י או אצילות דאצילות, חלקים מהם יורדים לבי"ע, כאשר כלי פנימי של כל אחד מפרצופי האצילות יורד לפרצוף המקביל לו בבריאה, ומתלבש בו, ומברר ממנו חלקים מהניצוצות המתייחסים לפרצוף שלו. וכלי אמצעי דכל פרצופי דפרצופי האצילות יורד לפרצוף המקביל לו ביצירה, ומתלבש בו, ומברר ממנו חלקים מהניצוצות המתייחסים לפרצוף שלו. וכלי חיצון דכל פרצופי מפרצופי האצילות יורד לפרצוף המקביל לו בעשיה, ומתלבש בו, ומברר ממנו חלקים מהניצוצות המתייחסים לפרצוף שלו, וזה הטעם לאמירת תיקון חצות[144], בסוד הפסוק[145] ותקם בעוד לילה ותתן טרף

טעמא, וכנזכר בפוסקים באיזה דברים שמדמין עצמם כמלאכי השרת, יוכל האדם לומר התכבדו מכובדים, ועם כל זה אמר בלחישה, כן נראה לי, בס"ד.

כף החיים ג' סימן א' – כשיכנס וכו', ועכשיו לא נהגו לאומרו, דאין אנחנו מחזיקין את עצמנו ליראי שמים שהמלאכים מלווים אותנו. ב"ח. ט"ז סעק"א. ר"ז אות א'. אבל המצת שמורים דף כ"ח ע"ד כתב, צריך להזהר שבכל פעם שיכנס בבית הכסא שיאמר התכבדו וכו', היפך ממה שכתב הרד"א, כי הוא טוב לאומרה כדי להעביר ממנו רוח הטומאה ומחשבות רעות, ויהיה לבו פתוח תמיד לדברי תורה ללמוד אותה בקדושה ובטהרה, עי"ש. והביאו מחזיק ברכה אות ב'. וכתב עוד משם הרב המקובל הגדול מוהר"ם פאפיראס ז"ל בספר אור צדיקים וזה לשונו, יאמר התכבדו וכו'. ואף שכתב בשולחן ערוך שלא לאומרו עכשיו, עם כל זה חידש האר"י ז"ל לאומרו גם עכשיו, ובזה ניצול שלא יהרהר בדברי תורה בבית הכסא, עד כאן לשונו. וכן כתב הרוח חיים אות א' בשם ספר מגיד מישרים למרן ז"ל בפרשת מטות, ומסעי, דאמר ליה המגיד למרן הקדוש שיאמר התכבדו מכובדים. וכן כתב יפה ללב ח"ג אות א', וכן כתב שערי תשובה אות א'. ואולי לא נאמרו הדברים אלא ליחידים אשר תורתם אומנותם ולא זולתם דמיחזי כרמות רוחא. הפתחי תשובה ביורה דעה סימן רמ"ו אות יו"ד כתב דלא שייך מחזי כיוהרא אלא בדבר שעושה בפני רבים, מה שאין כן בזה.

תהילים צ"א י"א – כי מלאכיו יצוה לך לשמרך בכל דרכיך.

141

בית לחם יהודה ש"ה פ"ו – וזה הגוף של אלהי"ם יורד לפעמים לבי"ע. לא כל המוחין דאלהי"ם יורדין לבי"ע, רק מקצתן, כי מתמעטין ויורדים, והיותר זך נשאר למעלה, כמבואר בפרק ג' דשער כ"ב. ודקדק לומר לפעמים, מפני שצריך זכות גדול לדחות הדינים ולהורידה עד בי"ע, כמבואר שם. ואף על פי דהתם כתב שהם יורדים עד ראש הבריאה, ואי אפשר להם לירד יותר מראש הבריאה, והכא כתב יורדים לבי"ע, כבר כתב במבוא שערים דף נ"ז ע"א וז"ל – והנה אלהי"ם דיניקה אפשר להורידם עד הבריאה, ולפעמים נשארים למעלה במקומם, אך מן הבריאה ואילך אין להם יותר ירידה. מה שכתב אחר כך באלהי"ם דעיבור כנזכר ששם אחיזת הקליפות, יעו"ש.

142

בחינת הנוקבא נקראת אלהי"ם בערך ז"א הנקרא הוי"ה.

143

הגהות וביאורים)ז(– עיין שער המלכים סוף פרק ז'.

144

כאשר האדם אומר תיקון חצות, ומצטער על חורבן ירושלים, ועל גלות השכינה. הוא מתקן את בחינת ירושלים של מעלה, הנקראת רחל, או השכינה.

שער הכוונות, דרושי תיקון חצות, דרוש א' – בענין קומו מן המטה בחצות לילה, אחר שיטהר וינקה גופו, וירחץ פניו, ידיו, ורגליו, וילבש מלבושיו, ויסדר ברכותיו על סדר הנזכר בגמרא, וכמו שכתב הרמב"ם בהלכות תשובה. כבר נת"ל שאחר חצות לילה נעשו ב' דברים, האחד הוא זווג לאה ויעקב, והשני הוא **לבכות על רחל שירדה בבריאה בסוד שכינה בגלות היורדת למטה**, בעת הזו ממש. ולכן צריך שתלך ותשב אצל הפתח סמוך להמזוזה, שהוא סוד השכינה פתח העליון, ותסיר המנעלים, ותשב יחף, ותעטוף ראשך כאבל, ותרבה בבכיה כפי כחך, ותקח אפר מקלה ותשים על מצחך במקום הנחת תפילין, גם תכוף ראשך ותחבק פניך בקרקע ממש, ותכוין בזה על שריפת התורה שנעשית אפר, וגם תכוין למה שנתבאר אצלינו בשער רוח הקודש

לביתה, **ושם** הנוקבא[146] ובם **מתקשטת**[147] **ומתלבשת באותן הלבושים** שהם הבירורים שנתבררו בירידת בי"ע דאצילות לבי"ע התחתונים, על[148] ידי בני ישראל הקדושים בעזרת פרצופי בי"ע דאצילות והשכינה הקדושה, ובירורים אלו עולים מבי"ע התחתונים עם המלכות ובי"ע דאצילות, למעלה לאצילות בסוד מ"ן, כדי[149] **להתנאות בהם בפני בעלה** שהוא ז"א, ולעורר[150] את הזיווג העליון, כדי להביא מוחין לתקן

איך מיום שנחרב בית המקדש ונשרפה התורה, נמסרו סודותיה ורזיה לחיצונים, וזה נקרא גלות התורה בעוונותנו הרבים........
145

בירורי רפ"ח נצוצי הקדושה נקראים טרף, והם גמטריא רפ"ח עם הכולל.
משלי ל"א ט"ו – ותקם בעוד לילה ותתן טרף לביתה וחק לנערתיה.
146

גמרא ברכות דס"א ע"א – לכדרבי שמעון בן מנסיא, דדרש רבי שמעון בן מנסיא מai דכתיב - ויבן הוי"ה את הצלע, מלמד שקלעה הקוש ברוך הוא לחוה, **והביאה לאדם הראשון**, שכן בכרכי הים קורין לקליעתא בנייתא.
147

בית לחם יהודה ש"ה פ"ו – ושם מתקשטת. נראה לעניות דעתי שצריך לגרוס **ובם מתקשטת**, יען כי ירידת אלהי"ם הנזכר לבריאה הוא נעשה אחר ביאת מוחין דגדלות, כמבואר בפרק ג' דשער כ"ב, ואם כן הוא נעשה אחר הנסירה, בזמן הזיווג, ולפי זה כבר היתה הנוקבא באצילות, וגם ננסרה. והיאך אפשר לתרץ דשם בבריאה היא מתקשטת בהם. וכן מבואר בשער הפסוקים פרשת וישב דף מ"ו ע"ד, שכתב כאשר יורדים מוחין דקטנות עד היסוד דז"א, שם הם עומדים עד שיזדווג ז"א בנוקביה, ויוצאים מן היסוד, וניתנים בבחינת טפת זווג ביסוד הנקבה, יעו"ש. ותו והלא בחינת הקישוט הוא היינו שעולים אלהי"ם הנזכר עם התכללות העולמות עד האצילות, ואז אלהי"ם הנזכר הם נכנסין ביסוד הנוקבא, וגורמים חימום ותאוה לזיווג, וחימום הנזכר הוא בחינת הקישוט, כמבואר במאמרי רשב"י באד"ר, בביאור יתיב על כורסייא דשביבין, יעו"ש. ואם כן היכי אפשר להיות זה בעוד שהנוקבא בבריאה.
148

שער המצות, פרשת ואתחנן דל"ד ע"ב – ונבאר שינוי אחד ששמעתי מזולתי, והוא כי כשאדם עוסק בתורה, בתלמוד הנקרא הלכה, יכוין שהם אותיות הכלה, ותהיה כונתו שבכל קושיא מתרץ שהוא יכוין שעל ידי כך מסיר הקליפות החזקות והקשות מן ההלכה, שהיא הכלה עליונה, נוקבא דז"א. **ושהוא מקשטה בכ"ד קשוטי כלה**, הנזכרים בספר ישעיהו, שהוא סוד י"ב שלו, וי"ב שלה, שעליהם נאמר - מזה ומזה הם כתובים. ויכוין גם כן תמיד כשלומד הלכה אל שם אדנ"י, שהיא הכלה העליונה.
149

ע"ח ח"ב שטט"ל פ"ב מ"ב דס"ז ע"ג – והוא כי הנה אין הזכר העליון נתעורר לזווג, רק **עד אחר שהנוקבא עליונה תתקשט ותכין עצמה לזווג**, ותמצא חן בעיניו, ואז הוא מתעורר להזדווג עמה. שאם לא כן הנה הוא עסוק תמיד למעלה לקבל שפע ולינק מאמו, ואינו רוצה לתת מהשפעתו לזולתו, **עד אשר הכלה העליונה תעדה כליה ותקשט עצמה**, ואז יזדווג עמה ומשפיע בה. ונודע כי קשוטי כלה העליונה **הם הנשמות הצדיקים העולין בה בבחינת מ"ב**. והם גורמין לזווג עליון.
150

דעת ותבונה פ"ח דמ"ה ע"ד – גם פירוש כד סליק ברעותיה וכו', הוא יותר נעלם, והוא כי הנה אין הזכר העליון נתעורר לזווג, רק עד אחר שהנוקבא העליונה תתקשט ותכין עצמה לזווג, ותמצא חן בעיניו. ואז הוא מתעורר להזדווג עמה, שאם לא כן הנה הוא עסוק תמיד למעלה לקבל שפע ולינק מאמו, ואינו רוצה לתת מהשפעתו לזולתו, עד אשר הכלה העליונה תעדה כליה ותקשט עצמה, ואז יזדווג עמה ומשפיע בה. ונודע כי קשוטי כלה העליונה הם הנשמות הצדיקים, העולים בה בבחינת מ"ן, והם גורמין לזווג עליון.

את פרצופי האצילות, **לומר** ר"ל הנוקבא אומרת לבעלה, שהוא[151] ז"א **ראה גִידולים שֶׁגִּדַלְתִּי** כלומר הברורים שביררתי עם בני ישראל גרמו לפרצופי האצילות לקבל מוחין, ולגדול.

ולהיות[152] **כי אור הַנְּקוּדות** שהם בחינת הרוח, **הֵם אור הַחֹוזֵר, לכֵן** בחינת המ"ן שהם הבירורים **עֹולֹה תמֹיד** על ידי המשכילים[153] **בסֹוד זרקֹא**[154].

<hr>

151

נהר שלום דמ"ה ע"ב)מ"ט(— אין הזכר העליון מתעורר לזיווג, רק **עד שהנקבה העליונה תתקשט ותכין עצמה לזיווג**, ותמצא חן בעיניו, ואז הוא מתעורר להזדווג עמה, שאם לא כן הנה הוא עסוק תמיד למעלה לקבל שפע ולינק מאמו, ואינו רוצה לתת מהשפעתו לזולתו, **עד אשר הכלה העליונה תתקשט את עצמה**, כאמור.

152

בית לחם יהודה ש"ה פ"ו — ולהיות כי אור הנקודות הם אור החוזר לכן עולה תמיד בסוד זרקא. הוא כמו שכתוב בפיה דלעיל, ובזה תבין מה שכתוב בזוהר דף ס"א ע"א — וכד אית בישראל משכילים בחכמה, דאיהי יו"ד מחשבה עלאה, ידעין לזרקא להאי אבנא להההוא אתר דאתגזרת. והענין כי כשעולין זו"ן בסוד מ"ד ומ"ן לגבי או"א, ז"א באבא, ונוקבא באימא, אין עולה רק בחינת הרוח שבהם, שהם אלו הנקודים, שהם י' ספירות דרוח, כי בחינת הגוף והנפש שלהם נשארים במקומם לעולם. ולהיות כי אלו הנקודות שרשם מחכמה, כמו שכתוב שם, ידעין לזרקא להאי אבנא לאתר דאתגזרת. וידוע כי הנקודות נקראים נקבות, אור חוזר, אף שהוא בחינת ז"א, מפני שהוא אור חוזר שבו, יעו"ש. נמצא שהרוח הוא נקרא אור חוזר, לפי שחוזר ועולה למעלה, בסוד מ"ד ומ"ן, מה שאין כן הנפש שנשארת במקומה, ועל הרוח אמר בזוהר — דידעין לזרקא להאי אבנא, והיינו סוד זרקא שכתב הכא)הגוב"י(.

153

ע"ח ש"ה פ"ג דכ"ג ע"ג — ובזה תבין מה שכתוב בזוהר דנ"ז ע"ב, וכד אית בישראל משכילים בחכמה, דאיהו יו"ד מחשבה עלאה, ידעין לזרקא להאי אבנא, להההיא אתר דאתגזר. והענין כי כשעולין זו"ן בסוד מ"ד ומ"ן לגבי או"א, ז"א באבא, ונוקבא באימא, אין עולה רק בחינת הרוח שבהם, שהם אלו הנקודים, שהם י' ספירות דרוח, כי בחינת הגוף והנפש שלהם נשארין במקומן לעולם, ולהיות כי אלו הנקודות שרשם מחכמה, כמו שכתוב שם ידעין לזרקא להאי אתר דאתגזרת, וידוע כי הנקודות נקבות נקרא אור חוזר, אף שהוא בחינת ז"א, מפני שהוא אור חוזר שבו.

154

הגהות וביאורים)ח(— כוונתו כמו שכתב לעיל, ע"ב ידעין לזרקא להאי אבנא וכו'. והיינו הזרקא הנזכר כאן. יצחק ענטב"י.

עֵץ זֵזַיִּים

לְרַבֵּינוּ זֵזַיִּים וִיטַאל

שֶׁקִּיבֵּל מִמָרָן הָאֲרִ"י זְלֹה"ה

שַׁעַר ה'

שַׁעַר טנת"א

פֶּרֶק ו'

זֵזְלָק הַתַּרְשִׁימִים טַבְלָאוֹת וְצִיּוּרִים

שֶׁמֵזְזַת זֵזַיִּים

הקדמה קצרה

דע כי כל התרשימים הציורים והטבלאות, הם אך ורק לשכך את האוזן, ולשבר את העין. וכל הציורים הם לא שלמים.

כתב הרי"ח הטוב ברב פעלים ח"ב בסוד ישרים ה' - אך דע לך כי סדר התלבשות המחצבים שכתב מהרח"ו בשערי קדושה עד עולם הזה שאנחנו עומדים בו. וכן סדר התלבשות הפרצופים אשר בכל מחצב ומחצב, וסדר התלבשות העולמות זה בזה, והיושר והעיגולים, לא אית אינש דכיל למנלע רזא דנא, איך היא עשוי, איך הוא עומד, ולא אפשר לשכל אנושי לצייר כל הנזכר על אמתיתם, ועל בוריין מפני כי שכל האנושי בהיותו עצור ומונח בגוף גשמיי, אי אפשר לי להשיג דבר רוחני, והוא זה דומה לאדם סומא מן הבטן שלא ראה מאורות מימיו, דודאי אי אפשר לו לצייר מראות השמש וירח הנראין לעיני הבריות, וכל שכן מה שיש למעלה למעלה.

וכן כתב ברב פעלים ח"א בסוד ישרים א' - סוף דבר הכל נשמע, ה' אחד ושמו אחד, ואין לו גוף ולא דמות הגוף, ואין לו שום ציור, ותמונה ודמיון כלל ועיקר, וגם כל העולמות וספירות הקדושים למעלה אין להם ציור ודמיון של גופים האלה כלל, ואין מי שיוכל לידע איך הוא עמידתם וסדרם, ואיך עומדים עולמות היושר ועולמות העיגולים, ואיך מתחברים זה עם זה, ואיך נמשך השפע מזה לזה, ואיך הוא תוארם ומראיהם, ואיך הוא מהות השפע המחיה אותם, ומקיים אותם, וכמה הוא שיעור אורכם וגובהן ורחבם, ואיך הם נכללים זה בזה, ומלבישים זה לזה, כי בכל זאת אין שום שכל אנושי יוכל לדעת, ולהבין, ולהשיג, כלל ועיקר.

הרב ז"ל כתב בשער אח"פ תחילת פ"א וז"ל - כבר ידעת כי אין בנו כח לעסוק קודם אצילות עשר ספירות, ולא לדמות שום דמיון וצורה כלל ח"ו, אך לשכך האזן, אנו צריכים לדבר דרך משל ודמיון, לכן אף אם נדבר במציאות ציור שם למעלה, אין הדבר רק לשכך האזן. אמנם דע כי עשר ספירות דאצילות הם שתי עניינים. האחד הוא התפשטות הרוחניות, והשני הוא כלים ואברים אשר העצמות מתפשט בהם. והנה צריך שיהיה לכל זה שורש למעלה לשתי בחינות אלו, ולכן צריכין אנו לדבר בסדר המדרגות מראש עד סוף, והנה נתחיל ונאמר כי הלא הא"ס ב"ה אין בו שום ציור כלל ח"ו כמבואר.

הרב ז"ל כתב בשער טנת"א פ"א - והנה אף על פי שאנו מכנים וקוראים כאן כנויים אלו כגון אדם ראש אזנים וכיוצא אינו רק לשכך האזן לשיובנו הדברים לכן אנו מכנים כנויים אלו במקום גבוה, עד כאן לשונו.

וכן הרמ"ק בפרדס רימונים ש"ו פ"א - וציירו להם המקובלים צורות בירועות גדולות וקראום אילן. הרב ז"ל כתב בסוף ש"ה פ"ד וז"ל - ואמנם דבר גלוי הוא כי אין למעלה גוף ולא כח גוף חלילה. וכל הדמיונות והציורים אלו לא מפני שהם כך חס ושלום. אמנם לשכך את האוזן לכשיוכל האדם להבין הדברים העליונים הרוחניים בלתי נתפסים ונרשמים בשכל האנושי, לכן ניתן רשות לדבר בבחינת ציורים ודמיונים, כאשר הוא פשוט בכל ספרי הזוהר. וגם בפסוקי התורה עצמה כולם כאחד עונים ואומרים בדבר הזה כמו שאמר הכתוב עיני ה' המה משוטטים בכל הארץ. עיני ה' אל צדיקים. וישמע ה'. וירח ה'. וידבר ה'. וכאלה רבות וגדולה מכולם מה שאמר הכתוב ויברא אלהים את האדם בצלמו בצלם אלהים ברא אותו זכר ונקבה וגו'. ואם התורה עצמה דברה כך גם אנחנו נוכל לדבר כלשון הזה, עם היות שפשוט הוא שאין שם למעלה אלא אורות דקים, בתכלית הרוחניות, בלתי נתפשים שם כלל, וכמו שאמר הכתוב כי לא ראיתם כל תמונה, וכאלה רבות.

ואמנם יש עוד דרך אחרת כדי להמשיך ולצייר בה הדברים העליונים, והם בחינת כתיבת צורת אותיות, כי כל אות ואות מורה על אור פרטי עליון, וגם תמונת זו דבר פשוט הוא כי אין למעלה לא אות, ולא נקודה, וגם זה דרך משל וציור לשכך את האוזן כנזכר. ולכן נבאר עתה הקדמה הנזכר על דרך ציור האותיות גם כן ובבחינת ציורים אלו, הן ציור האדם, והן ציור אותיות, שתיהן מוכרחים להבין ענין האורות העליונים, כאשר תראה ספרי הזוהר בנויים על שתי בחינות הציורים האלה, עד כאן לא.

ולכן גם אנחנו הרשינו לעצמינו לצייר ציורים, תרשימים וטבלאות, אך ורק כדי לשכך את האוזן, ולשבר את העין, כדי להבין את הסוגייה.

אח"י

תרשימים שער ה' פרק ו'

סדר שמות שמות ההיכלות והשערים בעץ חיים

טו	יד	יג	יב	יא	י	ט	ח	ז	ו	ה	ד	ג	ב	א	שם השער	שער	שם היכל
										ה	ד	ג	ב	א	עיגולים ויושר	א	אדם קדמון
												ג	ב	א	השתלשלות י"ס דרך עגו'	ב	
												ג	ב	א	סדר אצילות למהרח"ו	ג	
										ה	ד	ג	ב	א	אח"פ	ד	
								ז	ו	ה	ד	ג	ב	א	תנת"א	ה	
							ח	ז	ו	ה	ד	ג	ב	א	עקודים	ו	
										ה	ד	ג	ב	א	מטי ולא מטי	ז	
									ו	ה	ד	ג	ב	א	דרושי נקודות	ח	נקודים
							ח	ז	ו	ה	ד	ג	ב	א	שבירת הכלים	ט	
											ד	ג	ב	א	תיקון	י	
					י	ט	ח	ז	ו	ה	ד	ג	ב	א	מלכים	יא	
										ה	ד	ג	ב	א	עתיק	יב	הכתרים
	יד	יג	יב	יא	י	ט	ח	ז	ו	ה	ד	ג	ב	א	א"א	יג	
					י	ט	ח	ז	ו	ה	ד	ג	ב	א	או"א	יד	או"א
									ו	ה	ד	ג	ב	א	זווגים	טו	
								ז	ו	ה	ד	ג	ב	א	הולדת או"א וזו"ן	טז	
											ד	ג	ב	א	ז"א	יז	ז"א
									ו	ה	ד	ג	ב	א	רפ"ח נצוצין	יח	
					י	ט	ח	ז	ו	ה	ד	ג	ב	א	אנ"ך	יט	
			יב	יא	י	ט	ח	ז	ו	ה	ד	ג	ב	א	המוחין	כ	
												ג	ב	א	לידת המוחין	כא	
												ג	ב	א	מוחין דקטנות	כב	
							ח	ז	ו	ה	ד	ג	ב	א	מוחין דצלם	כג	
								ז	ו	ה	ד	ג	ב	א	פרקי הצלם	כד	
							ח	ז	ו	ה	ד	ג	ב	א	דרושי הצלם	כה	
											ד	ג	ב	א	צלם	כו	
											ד				פרטי עי"מ	כז	
										ה	ד	ג	ב	א	עיבורים	כח	
						ט	ח	ז	ו	ה	ד	ג	ב	א	נסירה	כט	
								ז	ו	ה	ד	ג	ב	א	פרצופים	ל	
										ה	ד	ג	ב	א	פרצופי זו"ן	לא	
						ט	ח	ז	ו	ה	ד	ג	ב	א	הארת המוחין	לב	
										ה	ד	ג	ב	א	אונאה	לג	
								ז	ו	ה	ד	ג	ב	א	תיקון הנוקבא	לד	נוק' דז"א
										ה	ד	ג	ב	א	הירח	לה	
											ד	ג	ב	א	מעוט הירח	לו	
										ה	ד	ג	ב	א	יעקב ולאה	לז	
						ט	ח	ז	ו	ה	ד	ג	ב	א	לאה ורחל	לח	
טו	יד	יג	יב	יא	י	ט	ח	ז	ו	ה	ד	ג	ב	א	מ"ן ומ"ד	לט	
טו	יד	יג	יב	יא	י	ט	ח	ז	ו	ה	ד	ג	ב	א	פנימיות וחצוניות	מ	
												ג	ב	א	חשמל	מא	
			יב	יא	י	ט	ח	ז	ו	ה	ד	ג	ב	א	דרושי אבי"ע	מב-א	אבי"ע
											ד	ג	ב	א	כללות אבי"ע	מב-ב	
											ד	ג	ב	א	ציור עולמות אבי"ע	מג	
								ז	ו	ה	ד	ג	ב	א	שמות	מד	
											ד	ג	ב	א	מקיפין	מה	
									ו	ה	ד	ג	ב	א	כסא הכבוד	מו	
									ו	ה	ד	ג	ב	א	סדר אבי"ע	מז	
											ד	ג	ב	א	קליפות	מח	
						ט	ח	ז	ו	ה	ד	ג	ב	א	קליפת נוגה	מט	
					י	ט	ח	ז	ו	ה	ד	ג	ב	א	קיצור אבי"ע	נ	

טבלת ערכים

עולמות	אדם קדמון	אצילות	בריאה	יצירה	עשיה
פרצופים	ע"י רא"א	אבא	אמא	ז"א	נוקבא
ספירות	כתר	חכמה	בינה	חג"ת נה"י	מלכות
הוי"ה	קוץ של י'	י	ה	ו	ה
אורות	יחידה	חיה	נשמה	רוח	נפש
מילוי	שורש הוי"ה	ע"ב - יוד הי ויו הי	ס"ג - יוד הי ואו הי	מ"ה - יוד הא ואו הא	ב"ן - יוד הה וו הה
טנת"א	שורשים	טעמים	נקודות	תגין	אותיות
נקודות	קמץ	פתח	צרי	סגול, שוה, חולם חיריק, קבוץ, שורוק	אין בניקוד
אדם	גולגולתא	מוח ימין	מוח שמאל	גוף וברית	עטרת היסוד
מל"ץ	מ - מקיף, יחידה	ל - מקיף, חיה	מוח	לב	כבד
שנגל"ה	שורש	נשמה	גוף	לבוש	היכל
י"ב פרצופים	עו"נ אאו"נ	או"א עלאין	ישסו"ת	זו"ן	יעו"ר
כל צמא	אורות	מוחין	צלמים	לבושים	כלים
אברים	מוח	עצמות	גידין	בשר	עור
חושים	מוח	ראיה	שמיעה	ריח	דיבור
מחצבים	א"ס	ספירות	נשמות	מלאכים	חושך
צלם	מ' מקיף ב'	ל' מקיף א'	צ' מוח	צ' לב	צ' כבד
דחצ"מ	אלוקות	מדבר	חי	צומח	דומם
יסודות	יולי	מים	אש	רוח	עפר
רקיעים	ערבות	ערבות	ערבות	מכון, מעון, זבול שחקים, רקיע	וילון
גלגלים	גלגל השכל	גלגל היומי	מזלות	כוכבים	לבנה
היכלות	קודש קודשים	קודש קודשים	קודש קודשים	אהבה, זכות, רצון, עצם השמים, לבנת הספיר	לבנת הספיר
מילוי הוי"ה		מו - וד י יי י	לז - וד י או י	יט - וד אא או א	כו - וד ה ו ה
אהי"ה		קס"א - אלף הי יוד הי	קס"א - אלף הי יוד הי	קמ"ג - אלף הי יוד הא	קנ"א - אלף הה יוד הה

בסוגית הפרצופים

גרנח"י	פרצופים
יחידה	א"א
חיה	אבא
נשמה	אימא
רוח	ז"א
נפש	נוקבא

סוגיה זאת

גרנח"י	טנת"א
נשמה	טעמים
רוח	נקודות
נפש	תגין
גוף	אותיות

	כתר
	חכמה
	בינה
	חסד
	גבורה
	תפארת
	נצח
	הוד
	יסוד

קמץ
פתח
צרי
סגול
שורא
חולם
חיריק
קובוץ
שורוק

יהוה

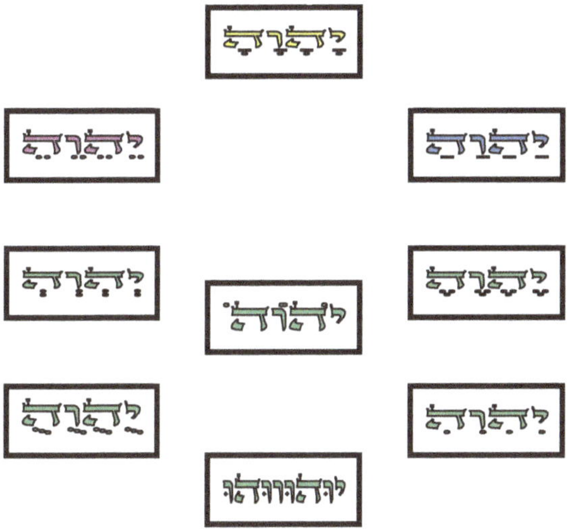

א"א

כתר

חכמה

בינה

איבא   אבא

גבורה	תפארת	חסד

הׄוׄד	יסׄוד	נצׄח
פרקׄ א׳	פרקׄ א׳	פרקׄ א׳
פרקׄ ב׳	פרקׄ ב׳	פרקׄ ב׳
פרקׄ ג׳	פרקׄ ג׳	פרקׄ ג׳

ז"א

בינה	דעׄת	חכמה
גבורה	תפארת	חסד
הׄוד	יסׄוד	נצׄח

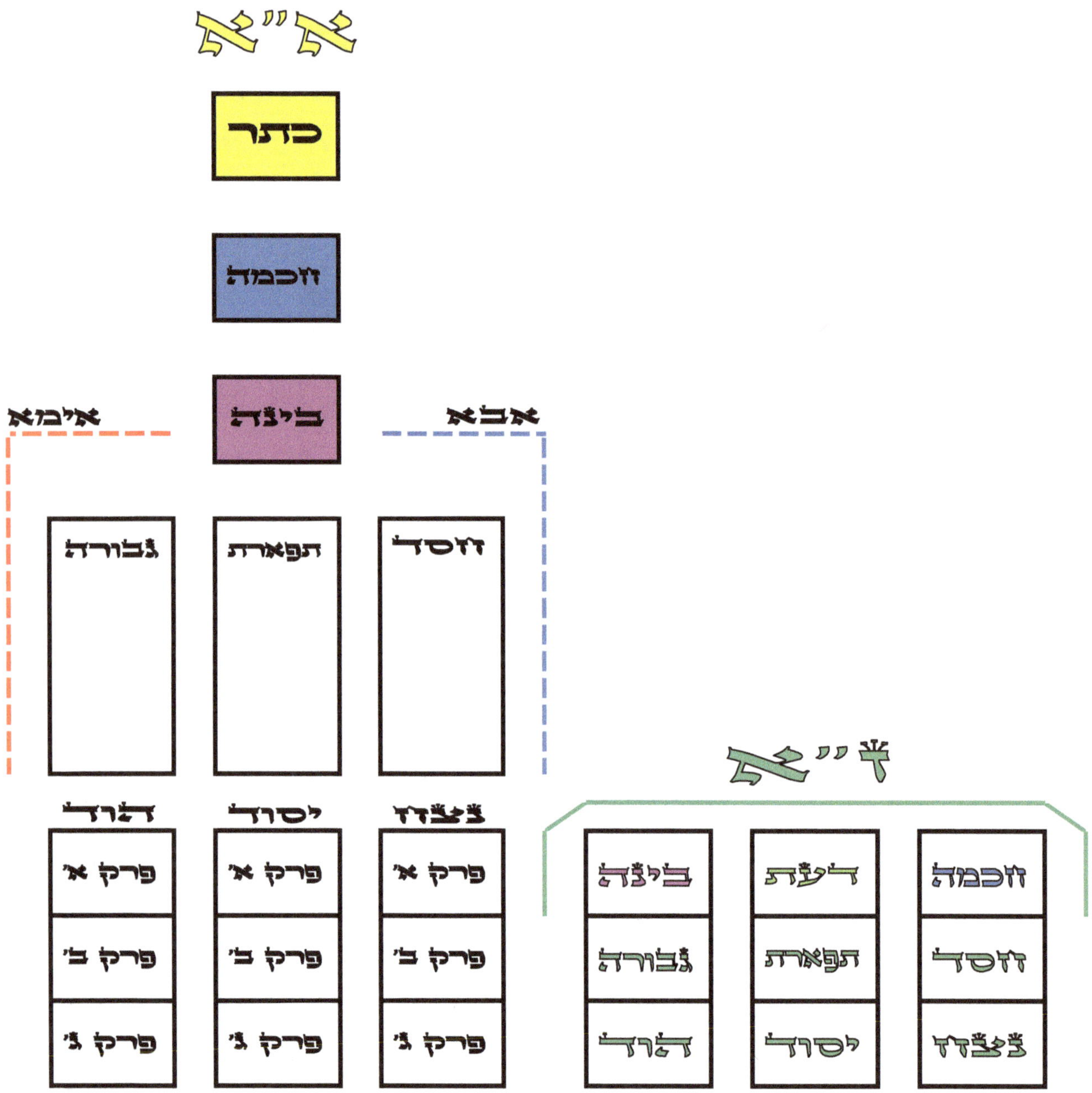

הוֹה. יוד יוד יוד, הה הא הי, וו ואו ואו, הה הא הי.

אאא לכלל איש, דההד, נוי, יה. ליחד את ה'. כסא אברהם. עבד א'.

יכוין לקיים מ"ע אנכי ה', ולא יהיה לך, וליחד ה' ב"ה.

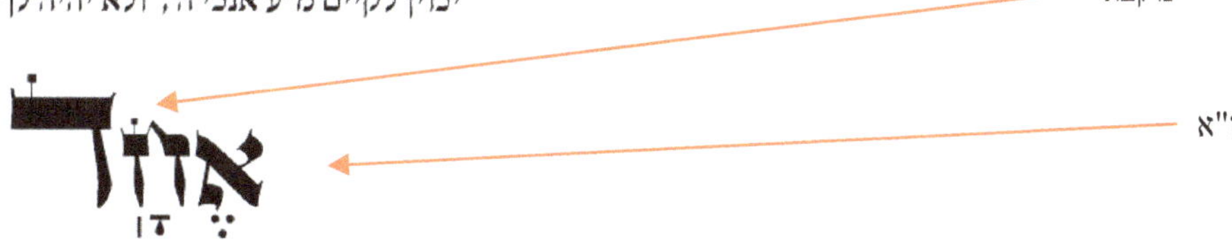

א"ח ט"ס דז"א שבו שם מ"ה יוד הא ואו הא,

ד' נוקביה לאה ורחל העומדת אחורי ד' ספירות תנה"י דז"א שבה שם אדני,

לתכלית גמורה יאהדונהי.

יכוין למסור נפשו על קידוש השם, ויכוין לקבל ד' מיתות בית דין מד' אותיות הוי"ה וד' אותיות אדני לייחדם ע"י ד' אותיות אהי"ה וע"י עסמ"ב:

סקילה	י	א	א	יוד ה"י ויו ה"י
שריפה	ה	ד	ה	יוד ה"י ואו ה"י
הרג	ו	ג	י	יוד ה"א ואו ה"א
חנק	ה	י	ה	יוד הה וו הה

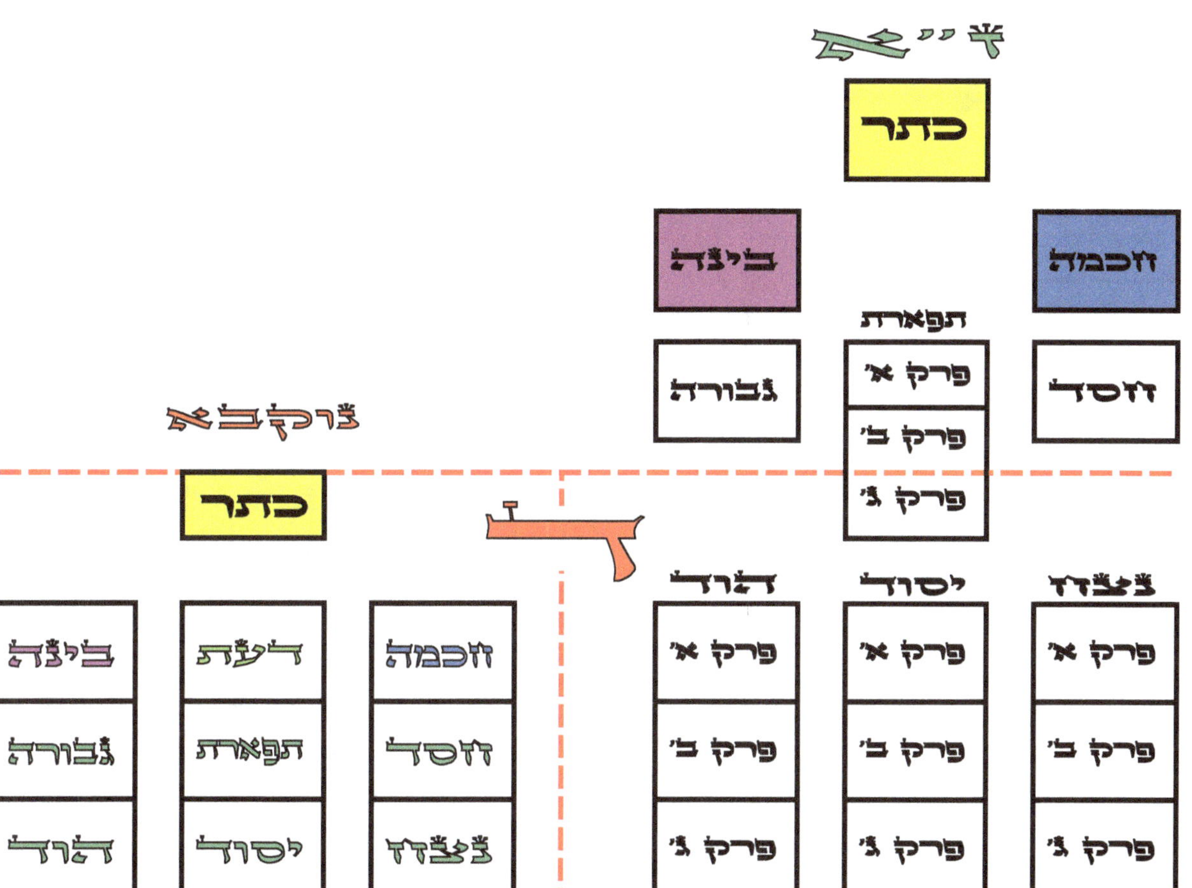

תרשים ו - ז

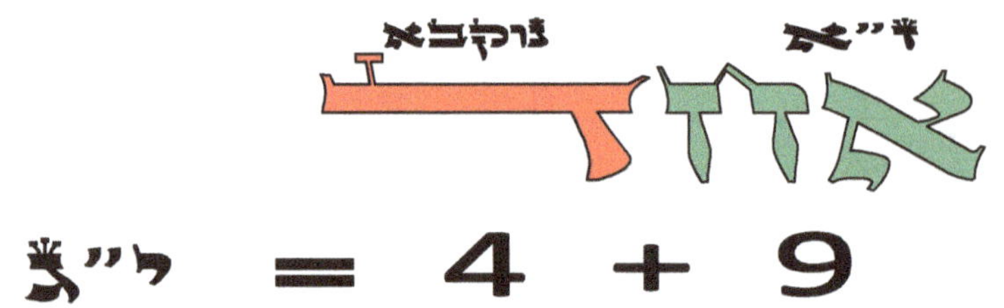

תרשים ו - ח

עוֹמֶק דברי הרב	פשׁט דברי הרב

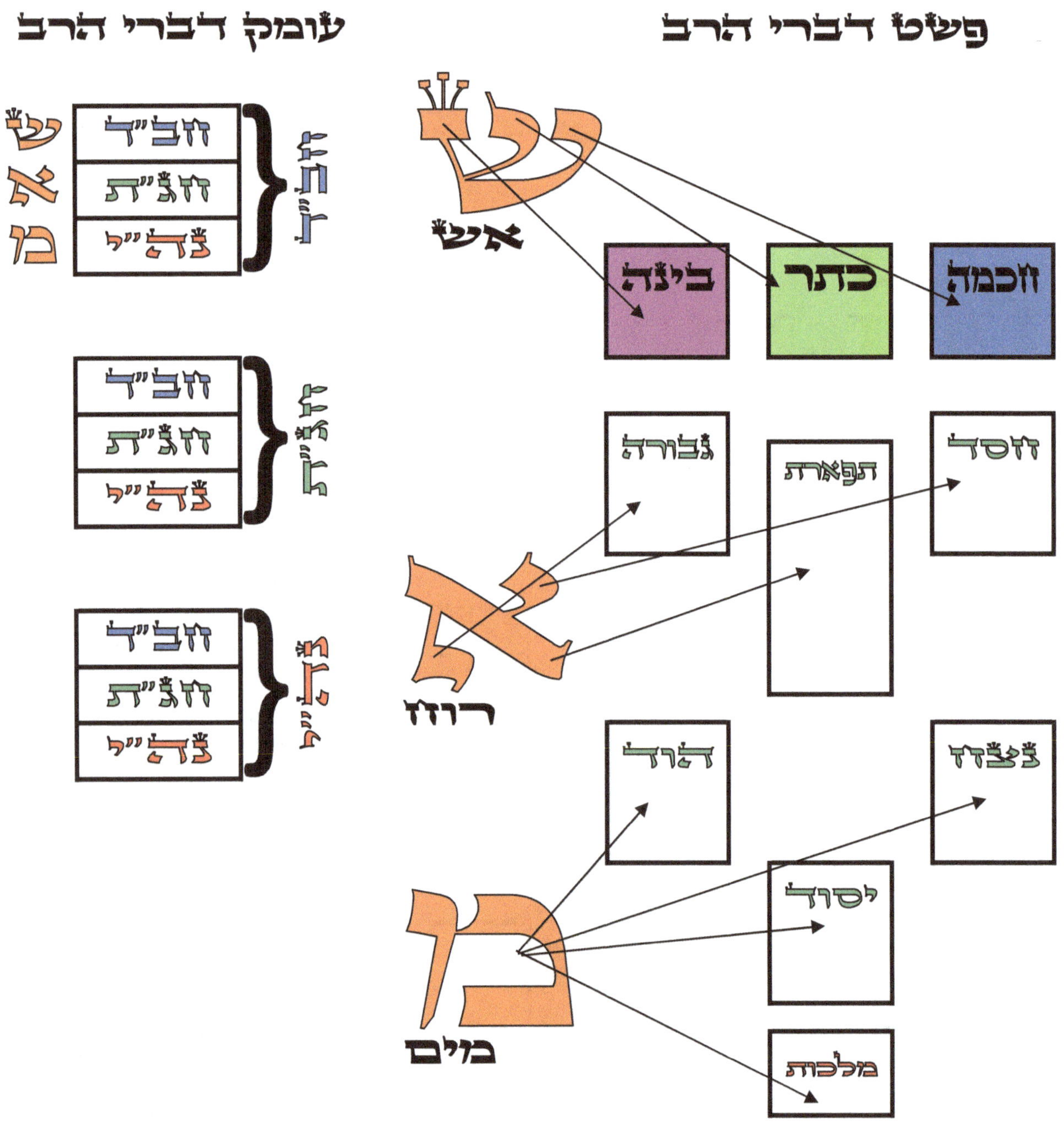

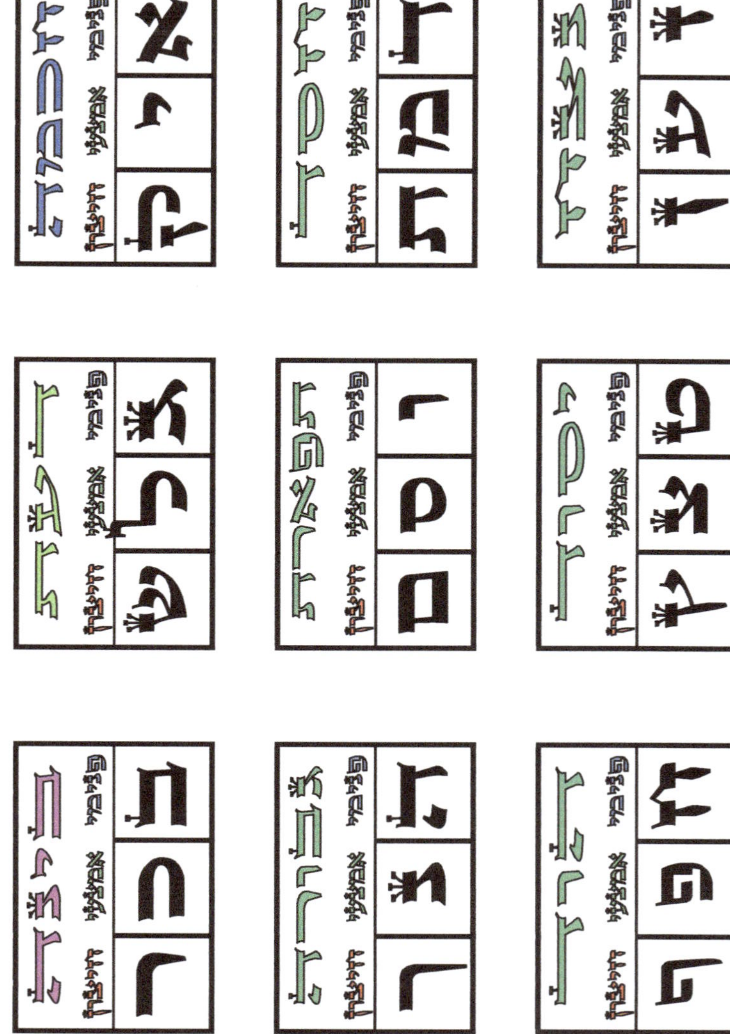

נקודות הכסף – וידוי, ויעבור, י"ג מידות, נפ"א

אָשַׁמְנוּ.
סמ"ן דחכמה דפרצוף פנימי

בָּגַדְנוּ.
נג"ה דבינה דפר' פנימי

גָּזַלְנוּ.
דמ"י דדעת דפרצוף פנימי

דִּבַּרְנוּ דֹפִי.
סמ"ן דחסד דפרצוף פנימי

הֶעֱוִינוּ.
נג"ה דגבורה דפר' פנימי

וְהִרְשַׁעְנוּ.
דמ"י דת"ת דפר' פנימי

זַדְנוּ.
סמ"ן דנצח דפרצוף פנימי

חָמַסְנוּ.
נג"ה דהוד דפר' פנימי

טָפַלְנוּ שֶׁקֶר.
דמ"י דיסוד דפר' פנימי

יָעַצְנוּ רָע.
סמ"ן דחכמה דפרצוף אמצעי

כִּזַּבְנוּ.
נג"ה דבינה דפר' אמצעי

כָּעַסְנוּ
נג"ה דגבורה דפר' מילון

לַצְנוּ.
דמ"י דדעת דפר' אמצעי

מָרַדְנוּ.
סמ"ן דחסד דפרלוף אמצעי

מֵרִינוּ דְבָרֶיךָ.
דמ"י דמ"ח דפר' חילון

נָאַצְנוּ.
נג"ה דגבורה דפר' אמצעי

נָאַפְנוּ.
סמ"ן דנצח דפרלוף פנימי

סָרַרְנוּ.
דמ"י דמ"ח דפר' אמצעי

עָוִינוּ.
סמ"ן דנצח דפרלוף אמצעי

פָּשַׁעְנוּ.
נג"ה דהוד דפר' אמצעי

פָּגַמְנוּ.
נג"ה דהוד דפר' מילון

צָרַרְנוּ.
דמ"י דיסוד דפר' אמצעי

צִעַרְנוּ אָב וָאֵם.
דמ"י דיסוד דפר' חילון

קִשִּׁינוּ עֹרֶף.
סמ"ן דחכמה דפרלוף מילון

רָשַׁעְנוּ.
נג"ה דבינה דפר' חילון

שִׁחַתְנוּ.
דמ"י דדעת דפר' חילון

תָּעַבְנוּ.
סמ"ן דחסד דפרלוף חילון

תָּעִינוּ תִּעֲתָעְנוּ:

תרשים ו - י"א

תרשים ו - י"ב

הוי"ה	עולמות	ארמ"ע	דצח"מ	ספירות	נרנח"י
קוצו של י	א"ק			כתר	יחידה
י	אצילות	אש	מדבר	חכמה	חיה
ה	בריאה	מים	חי	בינה	נשמה
ו	יצירה	רוח	צומח	תפארת	רוח
ה	עשיה	עפר	דומם	מלכות	נפש

תרשים ו - י"ג

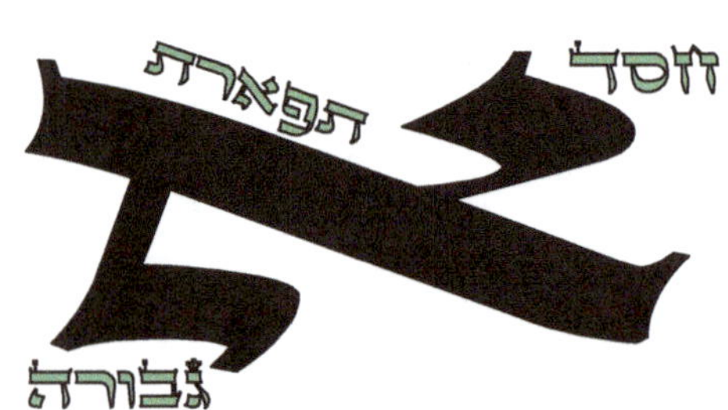

תרשים ו - י"ד

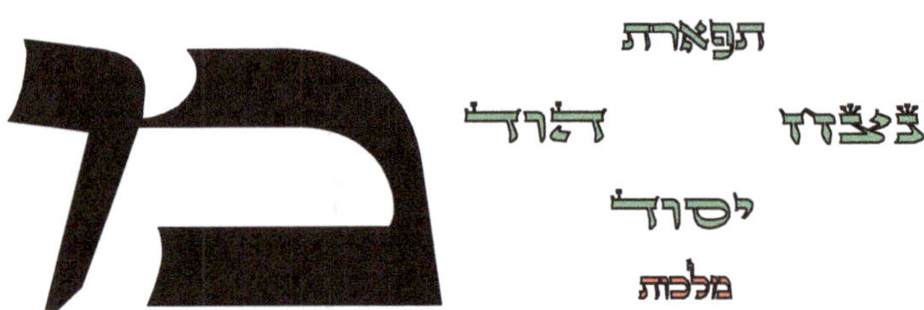

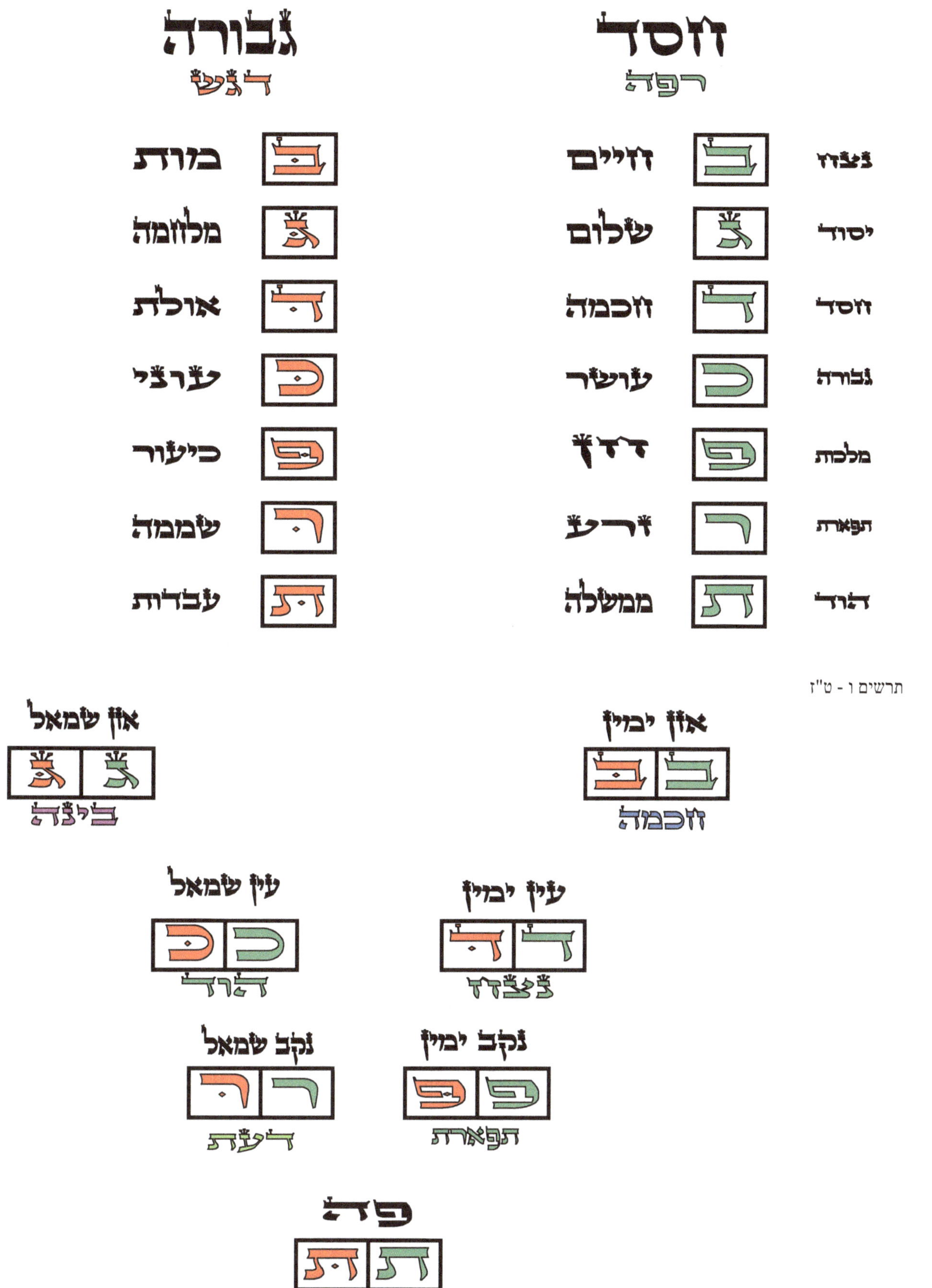
גבורה
דֶּשׁ
חסד
רפה
מות
מלחמה
אולת
עֶרְצִי
כיעור
שׂמחה
עבדות
חיים
שלום
חכמה
עוׄשֶר
דִּין
זֶרַע
ממשלה
נצח
יסוד
חסד
גבורה
מלכות
תפארת
הוד
תרשים ו - ט"ז
אוׄן יבין
חכמה
אוׄן שמאל
בינה
עין שמאל
הוׄד
עין יבין
נצח
נקב שמאל
דעת
נקב ימין
תפארת
פרק
תת
מלכות

גֹ"ט קֹר"ﬠ פֹ"ז

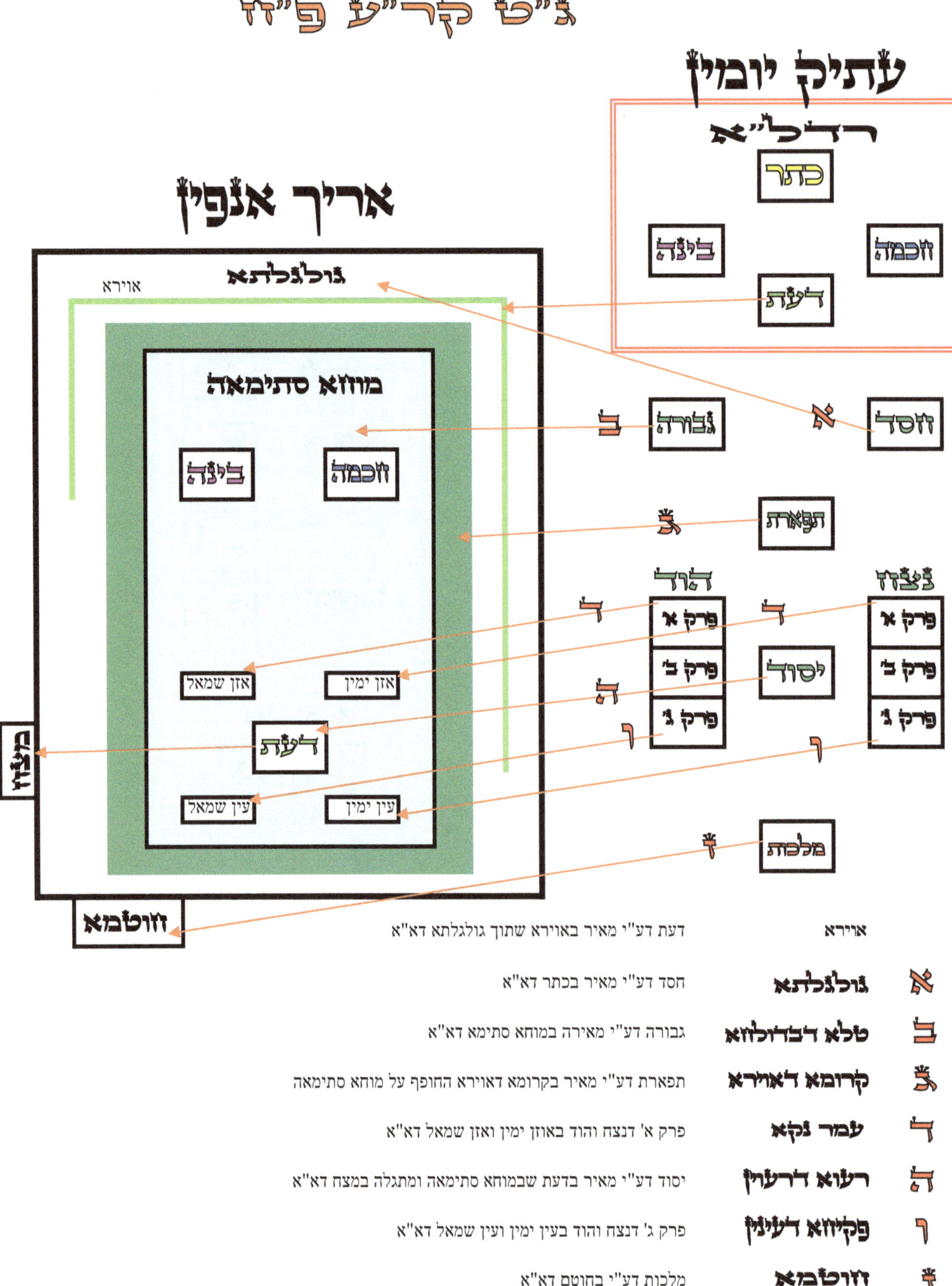

אוירא

דעת דע"י מאיר באוירא שתוך גולגלתא דא"א	גולגלתא	א
חסד דע"י מאיר בכתר דא"א	טלא דבדולחא	ב
גבורה דע"י מאירה במוחא סתימא דא"א	קרומא דאוירא	ג
תפארת דע"י מאיר בקרומא דאוירא החופף על מוחא סתימאה	עמר נקא	ד
פרק א' דנצח והוד באוזן ימין ואזן שמאל דא"א	רעוא דרעין	ה
יסוד דע"י מאיר בדעת שבמוחא סתימאה ומתגלה במצח דא"א	פקיחו דעינין	ו
פרק ג' דנצח והוד בעין ימין ועין שמאל דא"א	חוטמא	ז
מלכות דע"י בחותם דא"א		

תרשימים שׁעׁר ה' פרק ו'

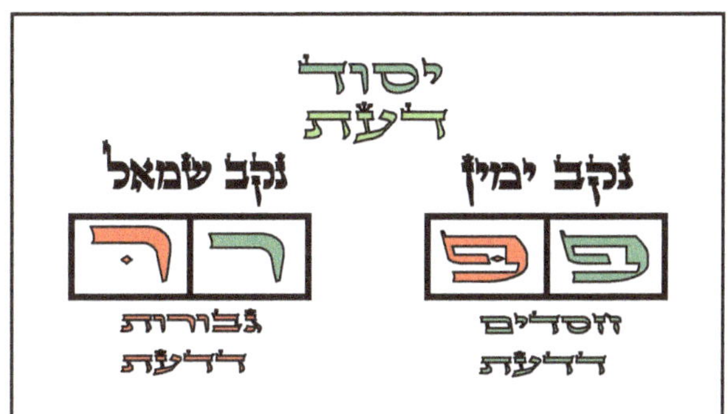

מלכויות דאותיות בג"ד כפר"ת

בתים	אברים	חושין לאר"י	חושין לגר"א	הוי"ה אהי"ה	אבנים	שבטים	מזלות	חודשים
בית החיים	יד ימין	ראיה	ראיה	אהי"ה יהו"ה	אודם	ראובן	טלה	ניסן
בית הממון	יד שמאל	שמיעה	שמיעה	אהה"י יהה"ו	פטרה	שמעון	שור	אייר
בית האחים	רגל ימין	ריח	ריח	יאה"ה יוה"ה	ברקת	לוי	תאומים	סיון
בית האבות	רגל שמאל	שיחה	שיחה	היה"א הוה"י	נפך	יהודה	סרטן	תמוז
בית הבנים	כוליא ימין	הרהור	הרהור	היא"ה הוי"ה	ספיר	יששכר	אריה	אב
בית החולי	כוליא שמאל	שחוק	הילוך	ההי"א ההו"י	יהלום	זבולון	בתולה	אלול
בית הנשים	כבד	רוגז	רוגז	יהי"א והי"ה	לשם	דן	מוזניים	תשרי
בית המיתה	טחול	שחוק	הילוך	יהה"א והה"י	שבו	נפתלי	עקרב	חשון
בית הדרכים	מרה	מעשה	מעשה	יאה"ה ויה"ה	אחלמה	גד	קשת	כסלו
בית המלכות	המסס	לעיטה	לעיטה	האה"י היה"ו	תרשיש	אשר	גדי	טבת
בית האהבה	קיבה	תשמיש	תשמיש	האי"ה היו"ה	שהם	יוסף	דלי	שבט
בית האיבה	קורקבן	שינה	שינה	ההא"י ההי"ו	ישפה	בנימין	דלי	אדר

תרשים נמצא בספר
ע"ז חז"ב בתחילת הספר.
והוא מהספר הקדוש כתם פז
לרבי שמעון לביא
זז"א דף רפ"ז

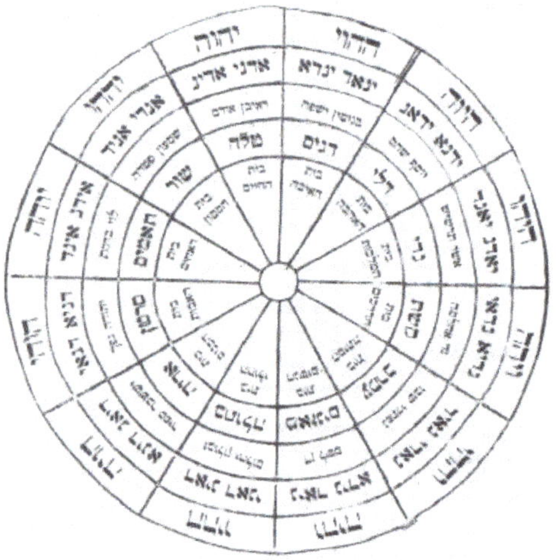

לפני ההתכללות

מלכות	יסוד	הוד	נצח	תפארת	גבורה	חסד	בינה	חכמה	כתר
כתר	כתר	כתר	כתר	כתר	כתר	כתר	כתר	כתר	כתר
חכמה	חכמה	חכמה	חכמה	חכמה	חכמה	חכמה	חכמה	חכמה	חכמה
בינה	בינה	בינה	בינה	בינה	בינה	בינה	בינה	בינה	בינה
חסד	חסד	חסד	חסד	חסד	חסד	חסד	חסד	חסד	חסד
גבורה	גבורה	גבורה	גבורה	גבורה	גבורה	גבורה	גבורה	גבורה	גבורה
תפארת	תפארת	תפארת	תפארת	תפארת	תפארת	תפארת	תפארת	תפארת	תפארת
נצח	נצח	נצח	נצח	נצח	נצח	נצח	נצח	נצח	נצח
הוד	הוד	הוד	הוד	הוד	הוד	הוד	הוד	הוד	הוד
יסוד	יסוד	יסוד	יסוד	יסוד	יסוד	יסוד	יסוד	יסוד	יסוד
מלכות	מלכות	מלכות	מלכות	מלכות	מלכות	מלכות	מלכות	מלכות	מלכות

אחרי ההתכללות

מלכות	יסוד	הוד	נצח	תפארת	גבורה	חסד	בינה	חכמה	כתר
כתר	כתר	כתר	כתר	כתר	כתר	כתר	כתר	כתר	כתר
חכמה	חכמה	חכמה	חכמה	חכמה	חכמה	חכמה	חכמה	חכמה	חכמה
בינה	בינה	בינה	בינה	בינה	בינה	בינה	בינה	בינה	בינה
חסד	חסד	חסד	חסד	חסד	חסד	חסד	חסד	חסד	חסד
גבורה	גבורה	גבורה	גבורה	גבורה	גבורה	גבורה	גבורה	גבורה	גבורה
תפארת	תפארת	תפארת	תפארת	תפארת	תפארת	תפארת	תפארת	תפארת	תפארת
נצח	נצח	נצח	נצח	נצח	נצח	נצח	נצח	נצח	נצח
הוד	הוד	הוד	הוד	הוד	הוד	הוד	הוד	הוד	הוד
יסוד	יסוד	יסוד	יסוד	יסוד	יסוד	יסוד	יסוד	יסוד	יסוד
מלכות	מלכות	מלכות	מלכות	מלכות	מלכות	מלכות	מלכות	מלכות	מלכות

אי"ק ואבי"ע

לפני ההתכללות

עשיה	יצירה	בריאה	אצילות	א"ק
א"ק	א"ק	א"ק	א"ק	א"ק
אצילות	אצילות	אצילות	אצילות	אצילות
בריאה	בריאה	בריאה	בריאה	בריאה
יצירה	יצירה	יצירה	יצירה	יצירה
עשיה	עשיה	עשיה	עשיה	עשיה

אזרי ההתכללות

עשיה	יצירה	בריאה	אצילות	א"ק
א"ק	א"ק	א"ק	א"ק	א"ק
אצילות	אצילות	אצילות	אצילות	אצילות
בריאה	בריאה	בריאה	בריאה	בריאה
יצירה	יצירה	יצירה	יצירה	יצירה
עשיה	עשיה	עשיה	עשיה	עשיה

נרנח"י

לפני ההתכללות

נפש	רוח	נשמה	חיה	יחידה
יחידה	יחידה	יחידה	יחידה	יחידה
חיה	חיה	חיה	חיה	חיה
נשמה	נשמה	נשמה	נשמה	נשמה
רוח	רוח	רוח	רוח	רוח
נפש	נפש	נפש	נפש	נפש

אזרי ההתכללות

נפש	רוח	נשמה	חיה	יחידה
יחידה	יחידה	יחידה	יחידה	יחידה
חיה	חיה	חיה	חיה	חיה
נשמה	נשמה	נשמה	נשמה	נשמה
רוח	רוח	רוח	רוח	רוח
נפש	נפש	נפש	נפש	נפש

י"ס דכתר מתכללות
והם עתה כתרים די"ס

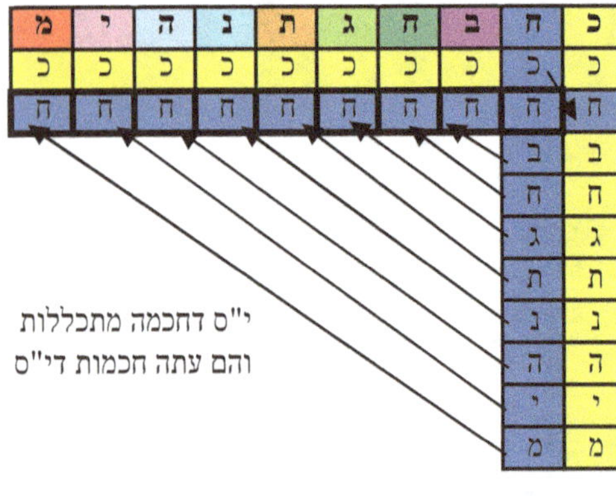

י"ס דחכמה מתכללות
והם עתה חכמות די"ס

י"ס דבינה מתכללות
והם עתה בינות די"ס

י"ס דחסד מתכללות
והם עתה חסדים די"ס
וכן בשאר בספירות

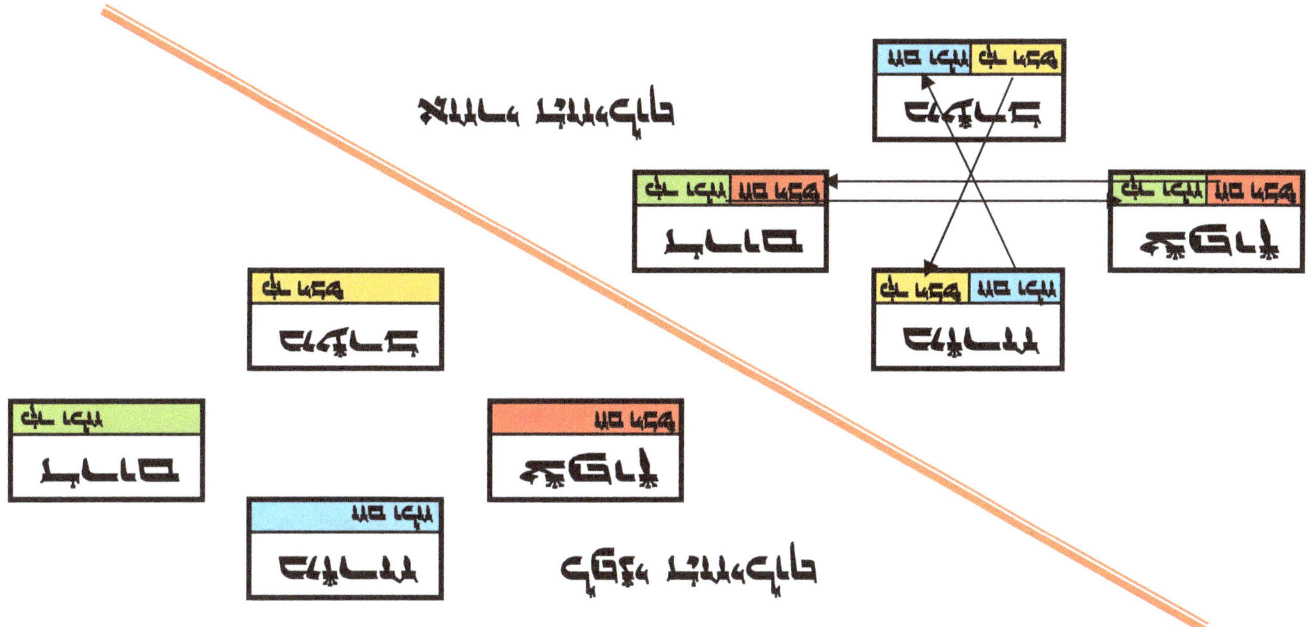

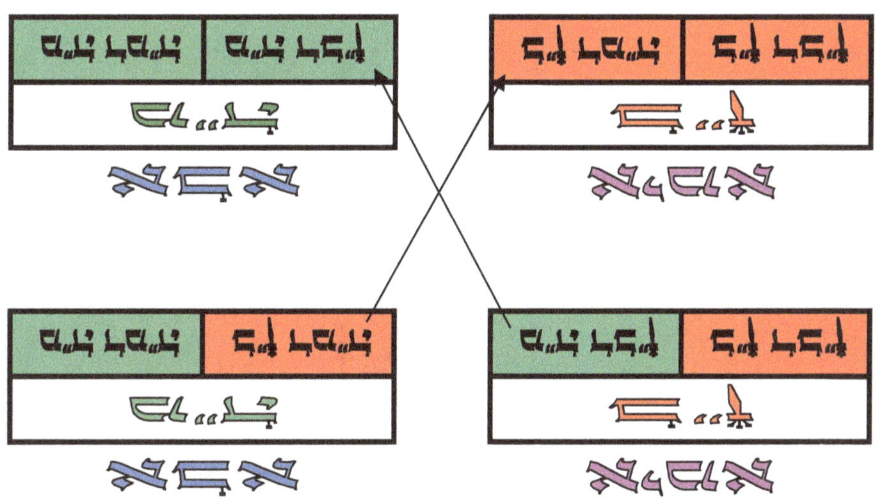

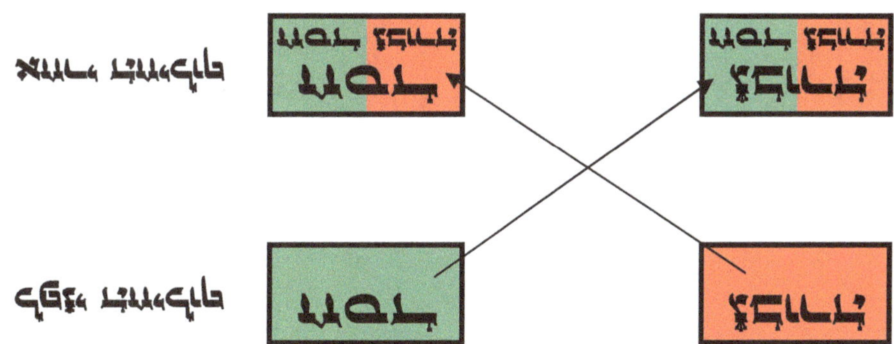

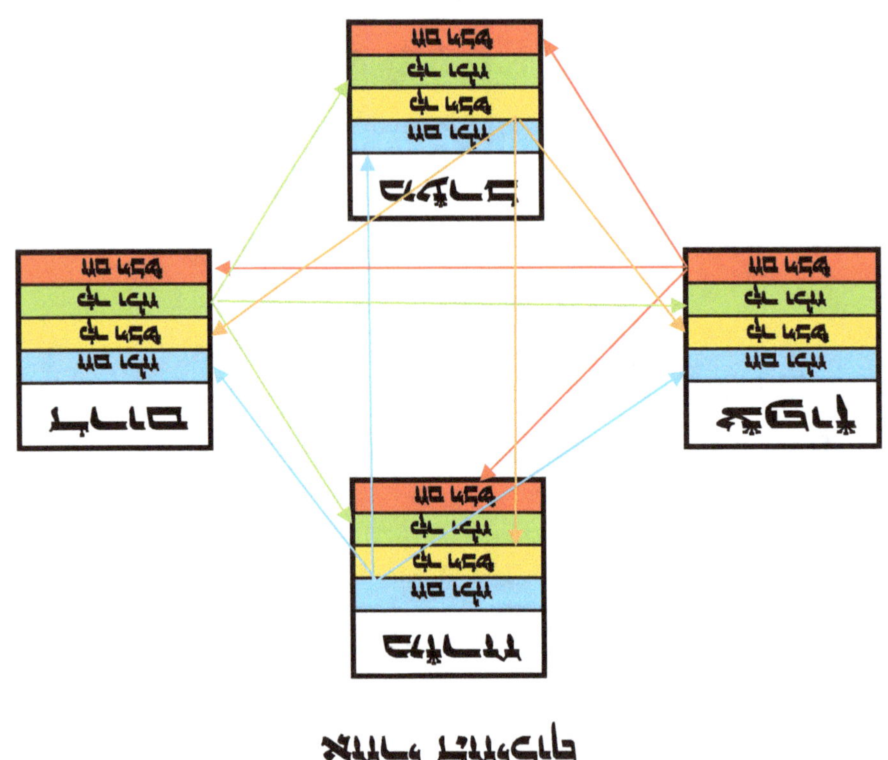

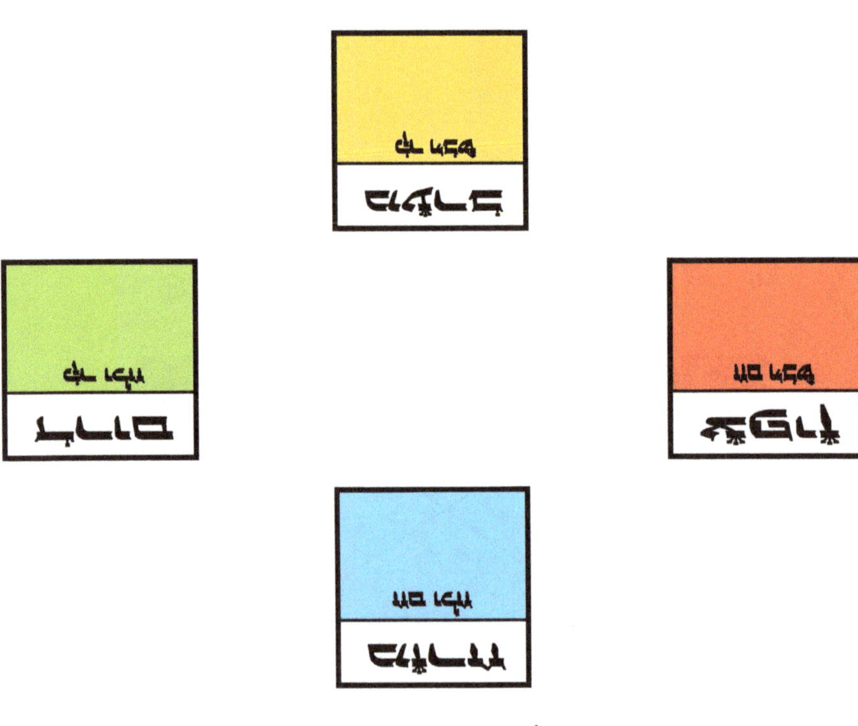

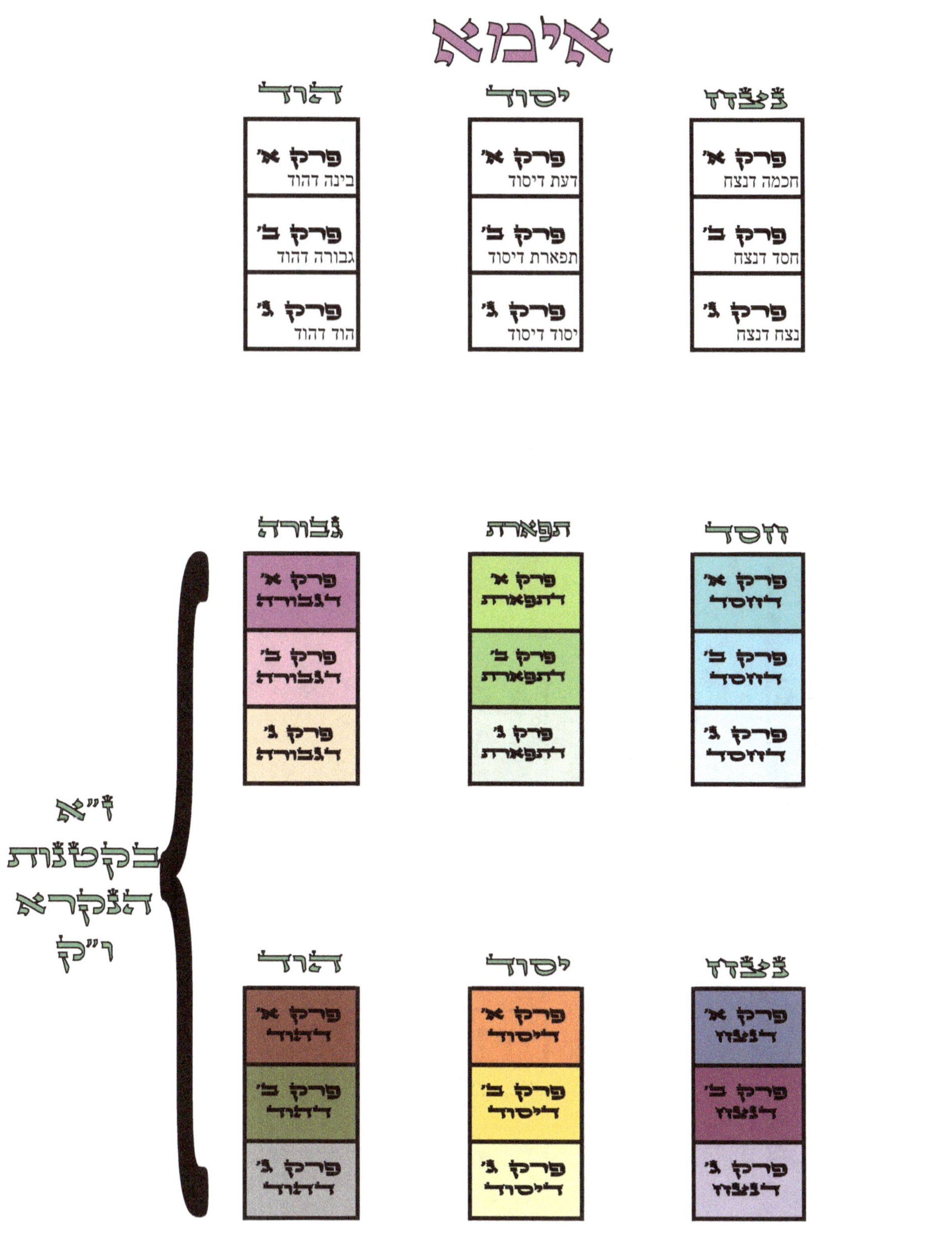

אימא
הוד
פרק א' בינה דהוד
פרק ב' גבורה דהוד
פרק ג' הוד דהוד
יסוד
פרק א' דעת דיסוד
פרק ב' תפארת דיסוד
פרק ג' יסוד דיסוד
נצח
פרק א' חכמה דנצח
פרק ב' חסד דנצח
פרק ג' נצח דנצח
גבורה
פרק א' לגבורה
פרק ב' לגבורה
פרק ג' לגבורה
תפארת
פרק א' לתפארת
פרק ב' לתפארת
פרק ג' לתפארת
חסד
פרק א' ליחסד
פרק ב' ליחסד
פרק ג' ליחסד
ז"א בקטנות הנקרא ו"ק
הוד
פרק א' לידוד
פרק ב' לידוד
פרק ג' לידוד
יסוד
פרק א' ליסוד
פרק ב' ליסוד
פרק ג' ליסוד
נצח
פרק א' לנצח
פרק ב' לנצח
פרק ג' לנצח

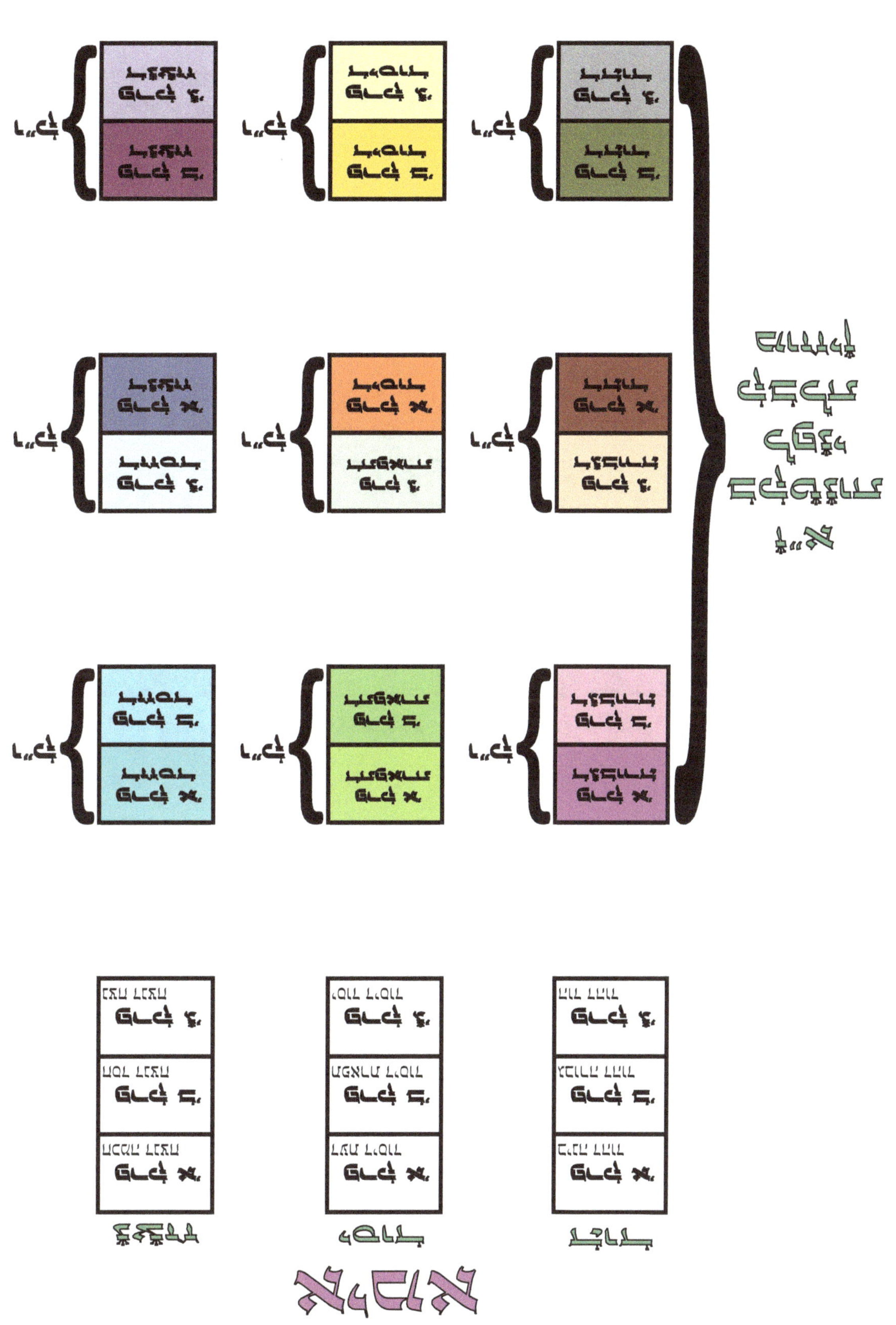

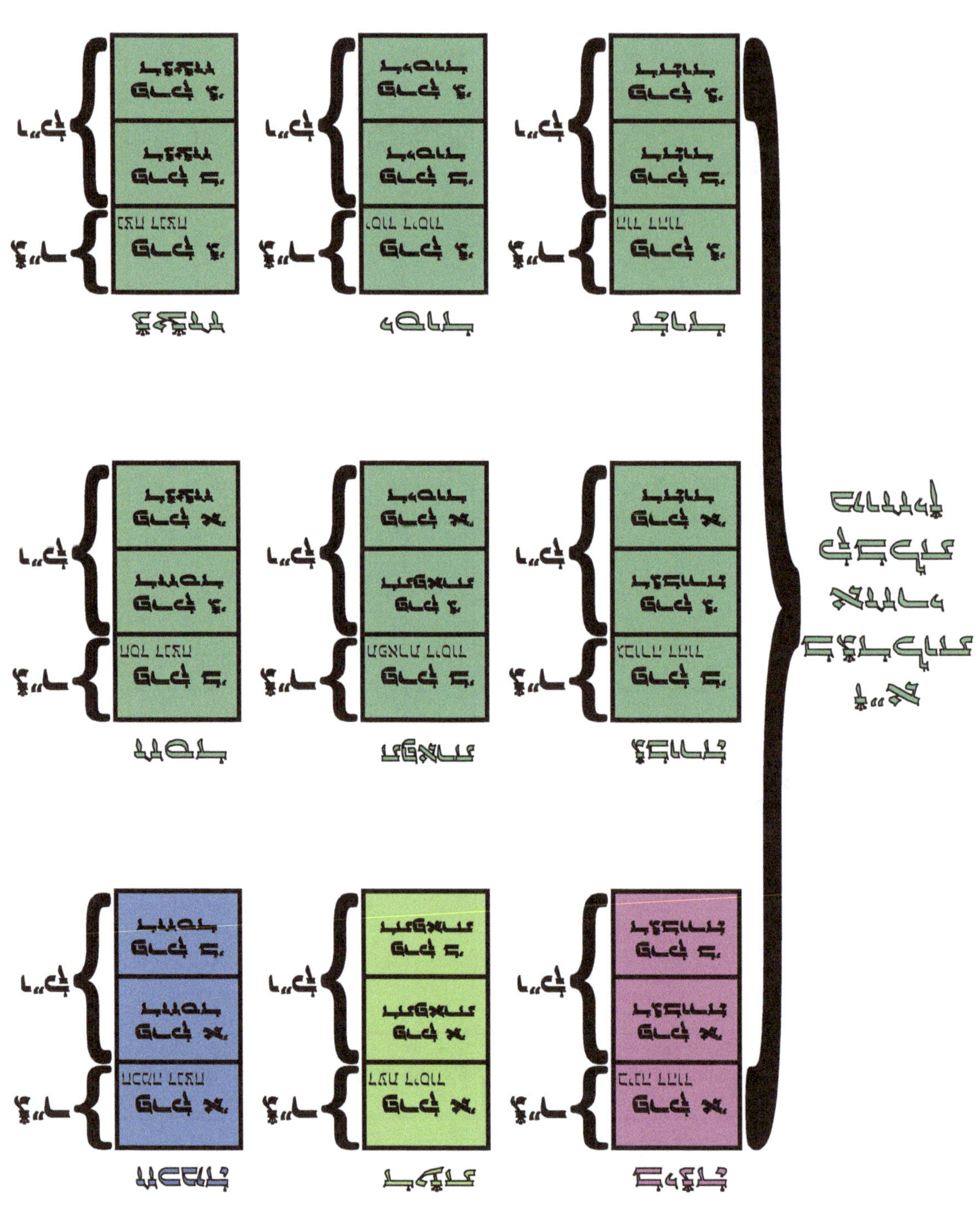

אֱלֹהֵי אַבְרָהָם

תרשים זה הוא לפרקים
העליונים דאימא. ולפרקים התחתונים
דאבא המתלבשים תוך פרקי ז"א.
בסדור הדרש"ש מסודרים שאר
הפרקים המתלבשים בז"א

ב פרק תחתון דנצח דאבא	א פרק עליון דנצח דאימא
אֶהְיֶה	אֶהְיֶה
יְהֹוָה	יְהֹוָה
וד י יו י	
ג' כלי חכמה דח"א	ג' כלי חכמה דח"א
יוד הי ואו הא	יוד הי ואו הא
יה יהו יהוה	יה יהו יהוה
יוד הא ואו הא	יוד הא ואו הא

יכוין להעלות כ"פ עילאין דחסד דח"א
ולחברס עם פ"ת דנצח דאבא ועי"כ
נעשה חכמה דמ"ה דז"א מג' פירקין.

יכוין להעלות כ"פ עילאין דחסד דח"א
ולחברס עם פ"ע דנצח דאימא ועי"כ
נעשה חכמה דכ"ן דז"א מג' פירקין.

אֱלֹהֵי יִצְחָק

ב פרק תחתון דהוד דאבא	א פרק עליון דהוד דאימא
אֶהְיֶה	אֶהְיֶה
יְהֹוָה	יְהֹוָה
וד י יו י	
ג' כלי בינה דח"א	ג' כלי בינה דח"א
אלף, אלף הא, אלף הא יוד,	אלף, אלף הא, אלף הא יוד,
אלף הא יוד הא	אלף הא יוד הא
אלף הא יוד הא	אלף הא יוד הא
אהיה	אהיה

יכוין להעלות כ"פ עילאין דגבורה דח"א
ולחברס עם פ"ת דהוד דאבא ועי"כ נעשה
בינה דמ"ה דז"א מג' פרקין.

יכוין להעלות כ"פ עילאין דגבורה דח"א
ולחברס עם פ"ע דהוד דאימא ועי"כ
נעשה בינה דכ"ן דז"א מג' פרקין.

וֵאלֹהֵי יַעֲקֹב

ב פרק תחתון דיסוד דאבא	א פרק עליון דיסוד דאימא
אודהיודהו אודהיודהו	אֶהְיֶה אֶהְיֶה
יודהוודהו יודהוודהו	יְהֹוָה יְהֹוָה
וד י יו י	
ג' כלי דעת דח"א	ג' כלי דעת דח"א
יוד הי ויו הי	יוד הי ויו הי
יוד הי ואו הי	יוד הי ואו הי
יוד הה וו הה	יוד הה וו הה

יכוין להעלות כ"פ עילאין דמ"ת דח"א
ולחברס עם פ"ת דיסוד דאבא ועי"כ נעשה
דעת דמ"ה דז"א מג' פרקין.

יכוין להעלות כ"פ עילאין דמ"ת דח"א
ולחברס עם פ"ע דיסוד דאימא ועי"כ
נעשה דעת דכ"ן דז"א מג' פרקין.

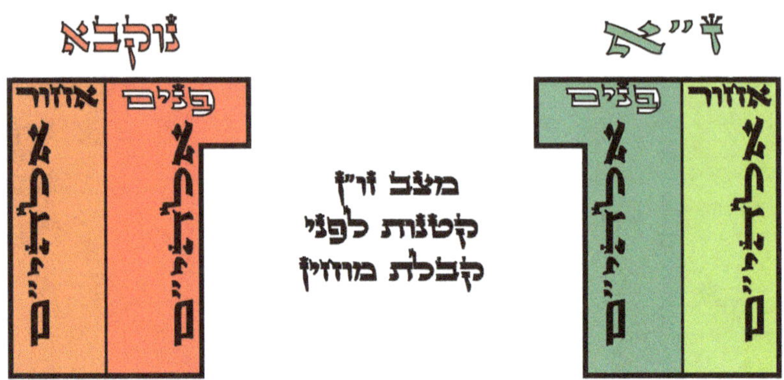

נוקבא
ז"א
אזור
פנים
פנים
אזור
אלהי"ם
אלהי"ם
אלהי"ם
אלהי"ם
מצב זו"ן
קטנות לפני
קבלת מוחין

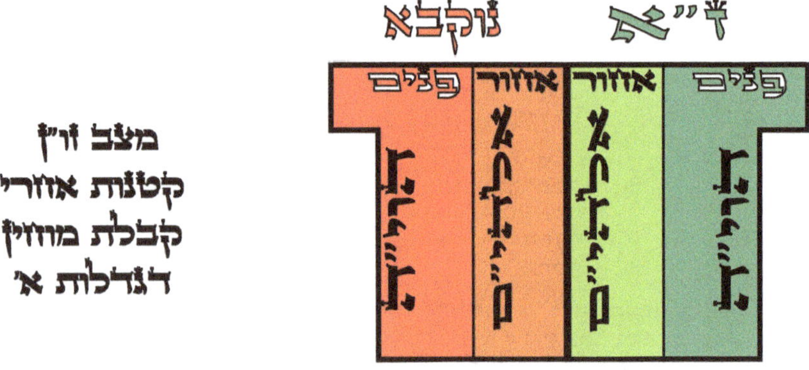

נוקבא
ז"א
פנים
אזור
אזור
פנים
אלהי"ם
אלהי"ם
אלהי"ם
אלהי"ם
מצב זו"ן
קטנות אזורי
קבלת מוחין
דגדלות א

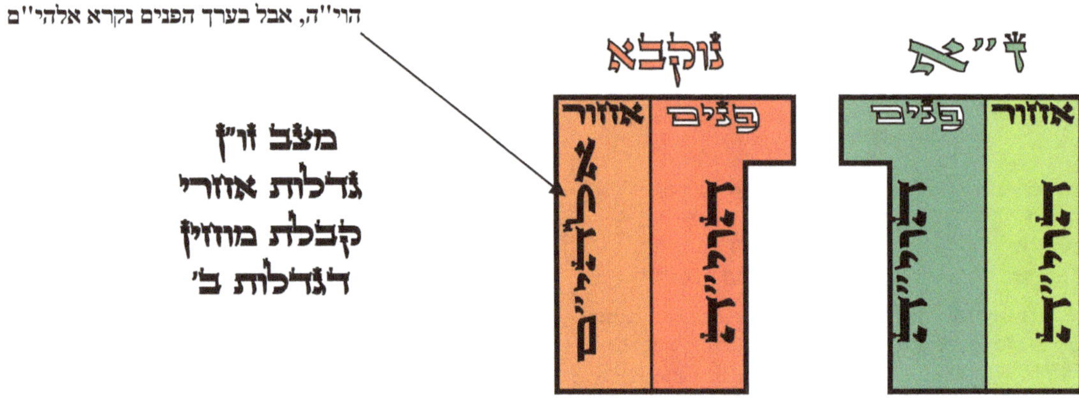

הוי"ה, אבל בערך הפנים נקרא אלהי"ם
נוקבא
ז"א
אזור
פנים
פנים
אזור
אלהי"ם
הוי"ה
הוי"ה
הוי"ה
מצב זו"ן
גדלות אזורי
קבלת מוחין
דגדלות ב'

אבי"ע	נְשָׁמוֹת		מַלְאָכִים	
אֲצִילוּת	פְּנִימִיּוּת		חִיצוֹנִיּוּת	
אֲצִילוּת דַּאֲצִילוּת	פְּנִימִיּוּת	פְּנִימִיּוּת / חִיצוֹנִיּוּת	פְּנִימִיּוּת	פְּנִימִיּוּת / חִיצוֹנִיּוּת
בי"ע דַּאֲצִילוּת	פְּנִימִיּוּת	פְּנִימִיּוּת / חִיצוֹנִיּוּת	חִיצוֹנִיּוּת	פְּנִימִיּוּת / חִיצוֹנִיּוּת
בְּרִיאָה	פְּנִימִיּוּת		חִיצוֹנִיּוּת	
אֲצִילוּת דַּאֲצִילוּת	פְּנִימִיּוּת	פְּנִימִיּוּת / חִיצוֹנִיּוּת	פְּנִימִיּוּת	פְּנִימִיּוּת / חִיצוֹנִיּוּת
בי"ע דַּאֲצִילוּת	פְּנִימִיּוּת	פְּנִימִיּוּת / חִיצוֹנִיּוּת	חִיצוֹנִיּוּת	פְּנִימִיּוּת / חִיצוֹנִיּוּת
יְצִירָה	פְּנִימִיּוּת		חִיצוֹנִיּוּת	
אֲצִילוּת דַּאֲצִילוּת	פְּנִימִיּוּת	פְּנִימִיּוּת / חִיצוֹנִיּוּת	פְּנִימִיּוּת	פְּנִימִיּוּת / חִיצוֹנִיּוּת
בי"ע דַּאֲצִילוּת	פְּנִימִיּוּת	פְּנִימִיּוּת / חִיצוֹנִיּוּת	חִיצוֹנִיּוּת	פְּנִימִיּוּת / חִיצוֹנִיּוּת
עֲשִׂיָּה	פְּנִימִיּוּת		חִיצוֹנִיּוּת	
אֲצִילוּת דַּאֲצִילוּת	פְּנִימִיּוּת	פְּנִימִיּוּת / חִיצוֹנִיּוּת	פְּנִימִיּוּת	פְּנִימִיּוּת / חִיצוֹנִיּוּת
בי"ע דַּאֲצִילוּת	פְּנִימִיּוּת	פְּנִימִיּוּת / חִיצוֹנִיּוּת	חִיצוֹנִיּוּת	פְּנִימִיּוּת / חִיצוֹנִיּוּת

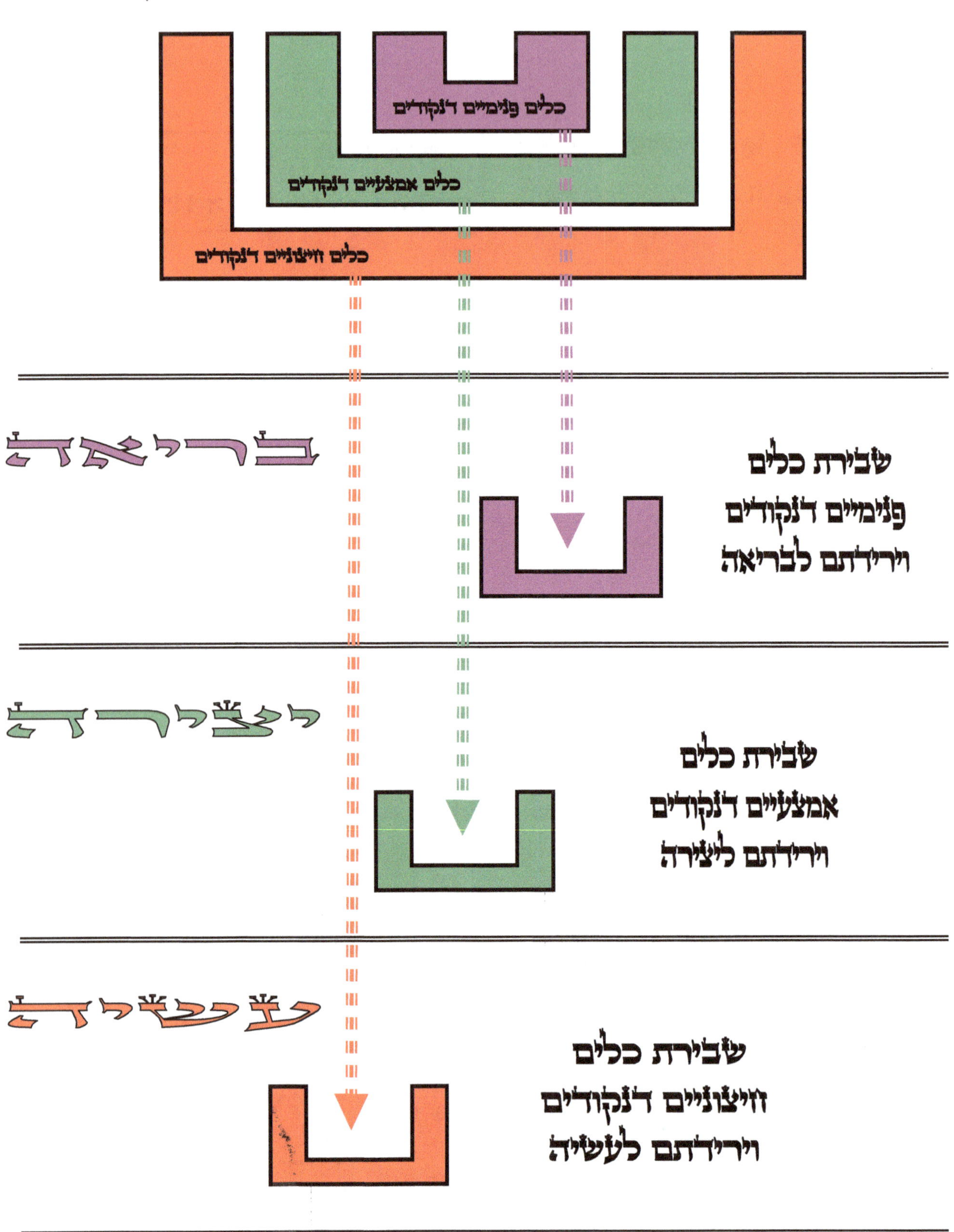
נקודים
שבירת הכלים דנקודים וירידתם לבי"ע
כלים פנימיים דנקודים
כלים אמצעיים דנקודים
כלים חיצוניים דנקודים
בריאה
שבירת כלים פנימיים דנקודים וירידתם לבריאה
יצירה
שבירת כלים אמצעיים דנקודים וירידתם ליצירה
עשיה
שבירת כלים חיצוניים דנקודים וירידתם לעשיה

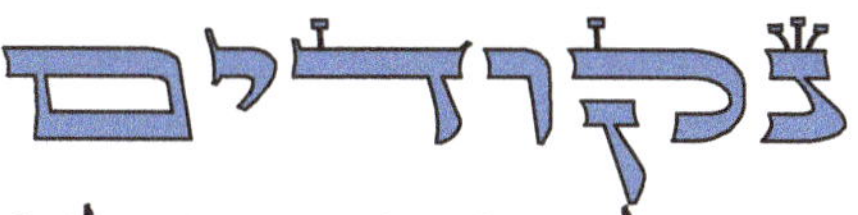

נוקבא | א"א | אימא | אבא | א"א | עתיק

כלים פנימיים דפרצופי
הנקודים, שהם הכלים
הפנימים דחך דפרצופי
הנקודים נפלו
לבריאה

נוקבא | א"א | אימא | אבא | א"א | עתיק

בריאה

כלים אמצעיים דפרצופי
הנקודים, שהם הכלים
האמצעים דחך דפרצופי
הנקודים נפלו
ליצירה

נוקבא | א"א | אימא | אבא | א"א | עתיק

יצירה

כלים חיצונים דפרצופי
הנקודים, שהם הכלים
החיצונים דחך דפרצופי
הנקודים נפלו
לעשיה

נוקבא | א"א | אימא | אבא | א"א | עתיק

עשיה

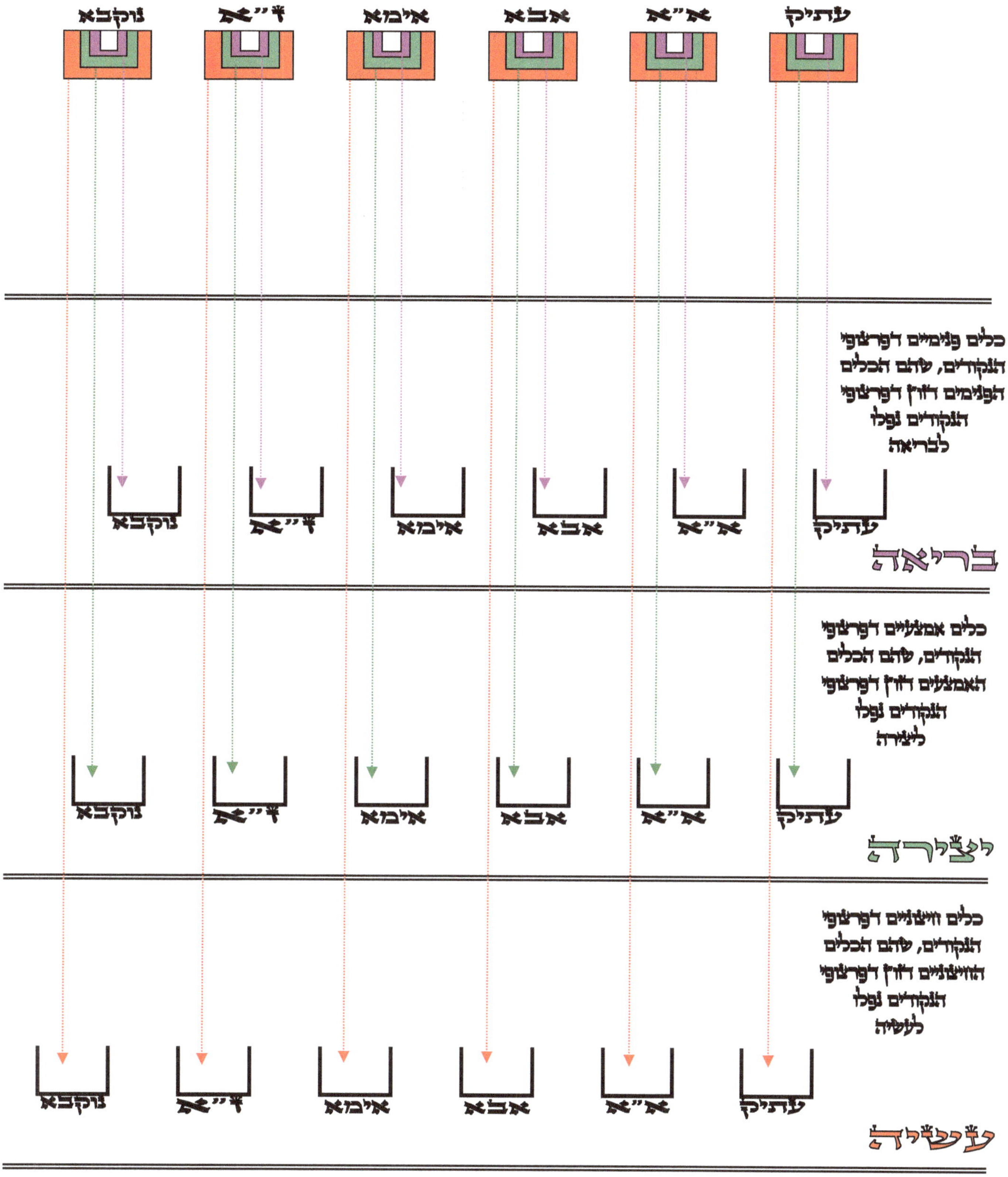

תרשימים שער ה׳ פרק ו׳

תרשים ו - ל"ט

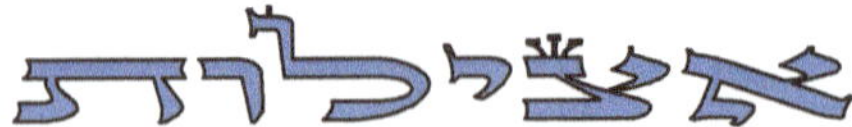

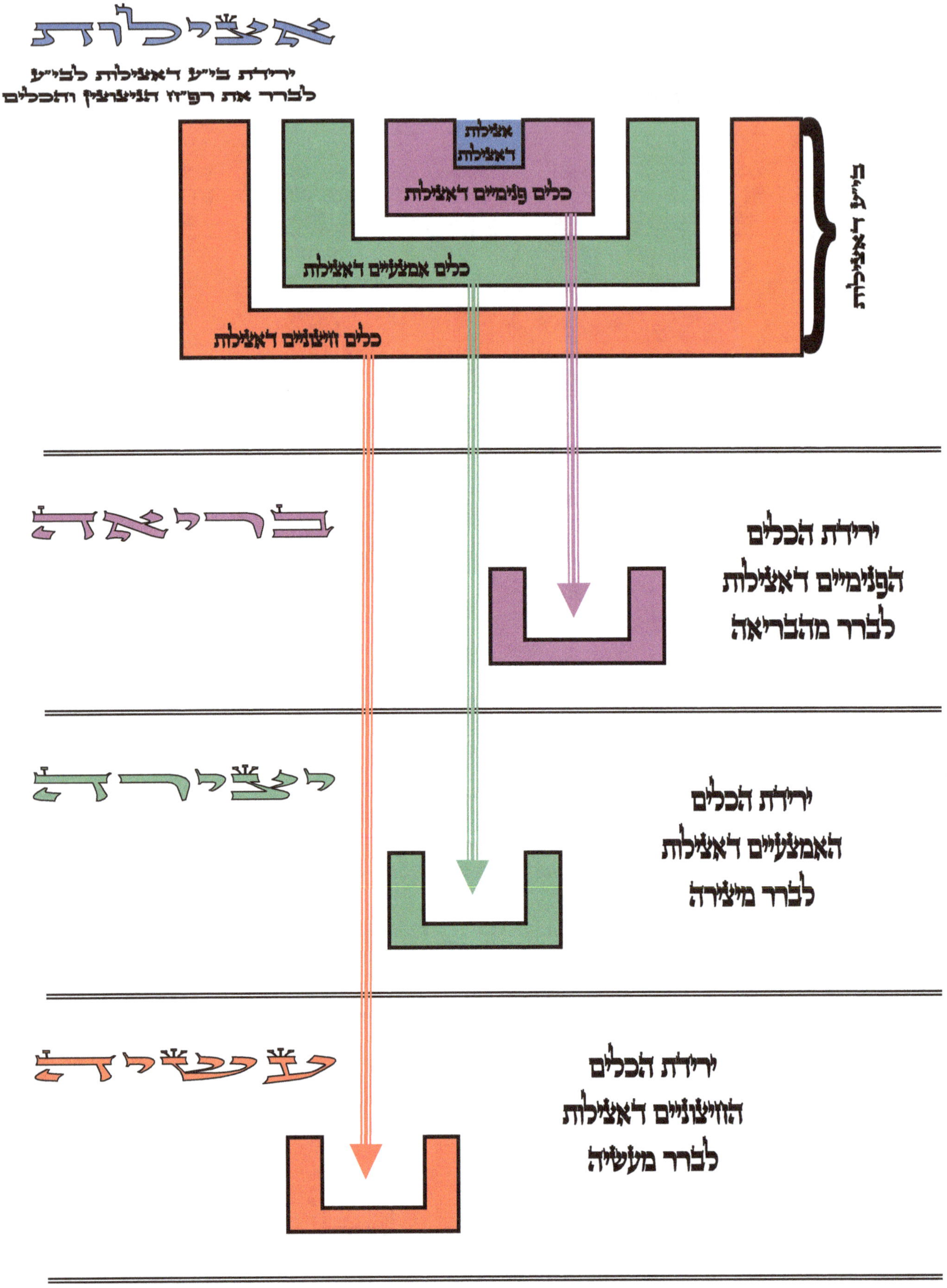
אצילות
ירידת בי"ע דאצילות לבי"ע
לברר את רפ"ח הניצוצין והכלים
אצילות דאצילות
כלים פנימיים דאצילות
כלים אמצעיים דאצילות
כלים חיצוניים דאצילות
בי"ע דאצילות
בריאה
ירידת הכלים
הפנימיים דאצילות
לברר מהבריאה
יצירה
ירידת הכלים
האמצעיים דאצילות
לברר מיצירה
עשיה
ירידת הכלים
החיצוניים דאצילות
לברר מעשיה

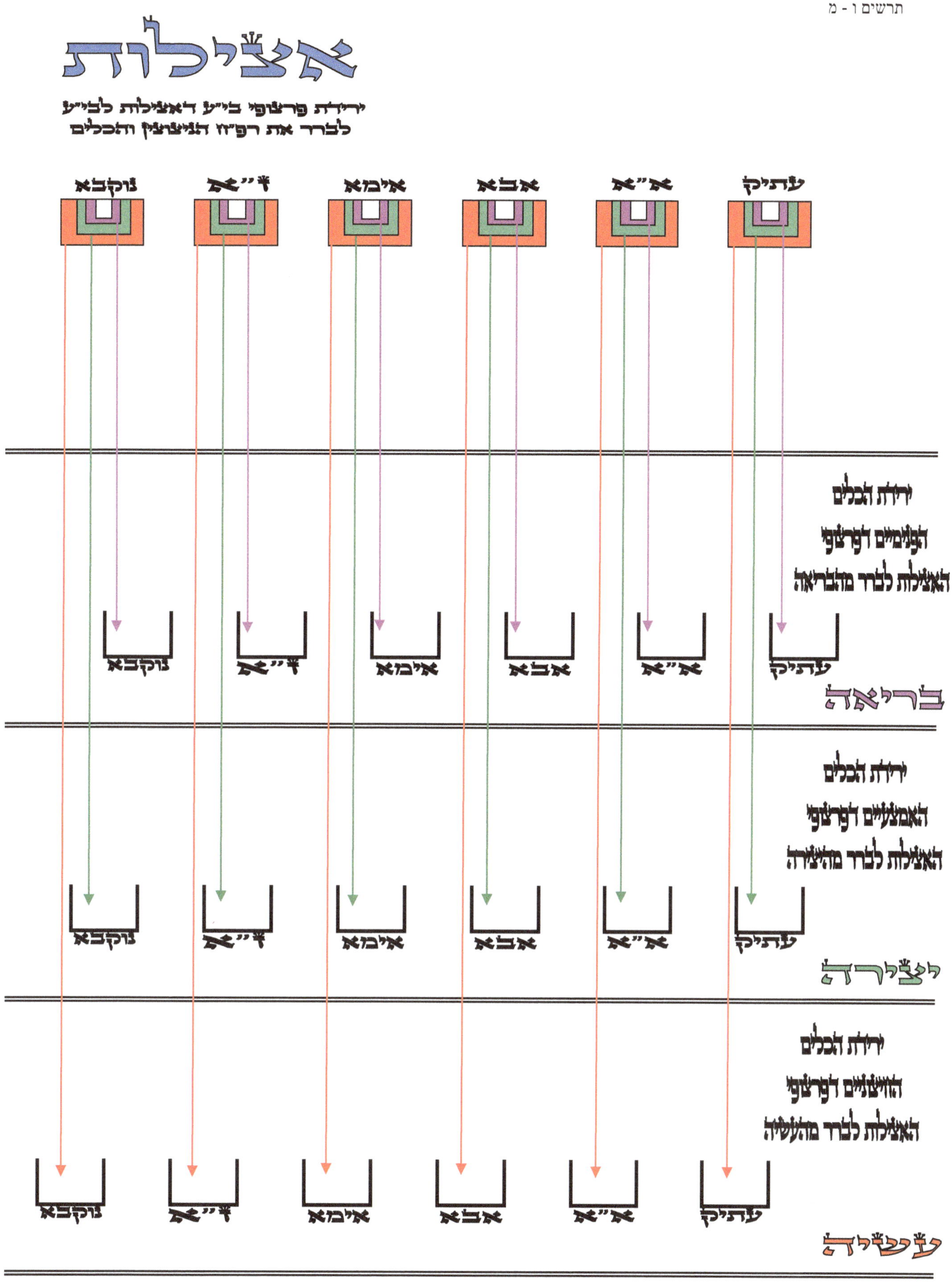

אצילות
ירידת פרצופי בי"ע דאצילות לבי"ע
לברר את רפ"ח הניצוצין והכלים

נוקבא
ז"א
אימא
אבא
א"א
עתיק

ירידת הכלים
העליונים דפרצופי
האצילות לברר מהבריאה

נוקבא
ז"א
אימא
אבא
א"א
עתיק
בריאה

ירידת הכלים
האמצעיים דפרצופי
האצילות לברר מהיצירה

נוקבא
ז"א
אימא
אבא
א"א
עתיק
יצירה

ירידת הכלים
התחתונים דפרצופי
האצילות לברר מהעשיה

נוקבא
ז"א
אימא
אבא
א"א
עתיק
עשיה

סידור תפלה להרשׁ"שׁ

נט

אבותינו

פנימיות דפנימיות

חיצוניות דפנימיות

פנימיות דחיצוניות

מילוניות דפנימיות | **פנימיות דפנימיות**

למסור עלמו עק"ה ולעלות נר"ן שלו   כללות ד' מוחין הנמשכים באלהי אברהם

עס נר"ן רוז"ן לפרצוף אמלעי דנוכ"י דאו"א   וכו' ויכוין למסור עלמו עתה עק"ה

ולזווג הפרלוף האמלעי הטוה ולהמשי'   ולעלות נשמתו עס נשמת זו"ן למ"ן

ללם דמוחין עס נרנח"י דאו"מ.   לאו"א ולזווג או"א דפנימיום להאיר

(א) זיווג דאו"א דכלים אמלעיים.   במוחין דאבא ובג"ר פילאין דמוחין דאימא.

ימסור עלמו עק"ה

איההיוהה

(ב) להמשיך כלי דמקיף דכתר דז"א   סקילה יוד הי ויו הי

מחלי תחתון דכלי אמלעי דת"ת   שריפה יוד הי ואו הי

דאימא ולהמשיך אור נשמת המקיף   הרג יוד הא ואו הא

דכתר דז"א מחלי תחתון דכלי   חנק יוד הה וו הה

אמלעי דת"ת דאבא.   זיווג דפנימיות דאו"א

איההיוהה

פנימיות דמילוניות

כללות ד' מוחין מקיפים. מקיף דעטרא דחסדים דדעת דז"א הנמשך מכתף
ימין דא"א הנרמז בנו דאבותינו והתחברות ב' מקיפים רב' עטרין הס
הויה אלהים

יאהלוההים ג"י יב"ק.

גם ל"ו דאבותינו מקיף עליון דמגד אבא המקיף ע"ג המקיף דאימא שהוא
מקיף על ד' מקיפים דתפלין. למסור עלמו עק"ה ולהעלות נרנח"י שלו עס
הזו"ן למ"ן דאו"א (ג) ולזווגס בבחי' המקיפים שלהם ולהמשיך המקי' דמו"ב
וסרין עטרין דדעת עליון וגס מקיף קולא רשערי דא"א עד אחורי הטורף
דז"א ומקיפי חו"ג דדעת תחתון דז"א הנמשכים מכתף שמאל וימין דא"א
הנרמזים בג"ו דאלהינו ובג"ו דאבותינו.

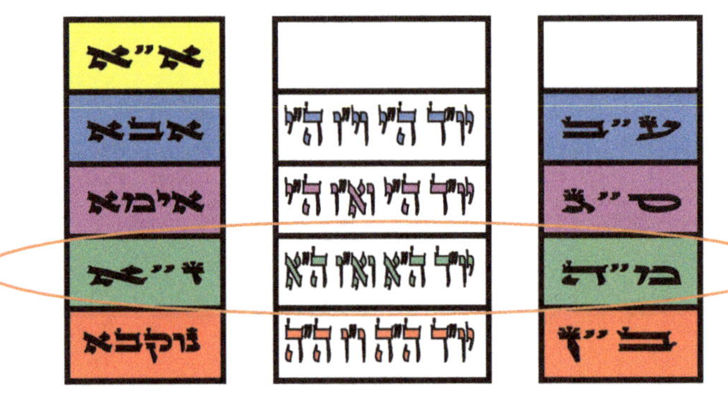